KB069103

불황을 해결해 볼까요?

폴 크루그먼이 들려주는 경제 위기 이야기

20
경제학자가 들려주는
경제 이야기

고전 속 경제,
교과서와 만나다

폴 크루그먼이 들려주는
경제 위기 이야기

불황을 해결해 볼까요?

이석진 지음 · 박종호 그림

|주|자음과모음

경제가 불황이라는 이야기를 들으면 부모님의 어두운 얼굴과 여러분의 용돈이 줄어드는 것, 사고 싶은 학용품을 못 사는 모습 등이 떠오를 거예요. 불황은 나라나 회사만 문제가 되는 것이 아니라 여러분의 생활과도 큰 관련이 있지요. 사실 대부분의 사람들이 불황에 대해 생각하고 싶지 않을 거예요. 불황이 없었으면 하는 생각도 하고요. 이 글을 쓰는 저조차 불황은 생각하고 싶지 않거든요. 그렇지만 불황은 피할 수 없는 문제예요.

하지만 처음부터 너무 겁먹지 마세요. 저는 이 책을 통해 여러분에게 희망을 전달하고 싶어요. 불황을 극복할 수 있는 방법을 여러분에게 알려 주고 싶어요.

폴 크루그먼은 불황에 대한 최고의 전문가라고 할 수 있어요. 세계의 불황을 예측하고 노벨 경제학상도 수상했습니다. 현재도 세계 경제 논쟁의 중심에 서서 계속되고 있는 경제 위기를 어떻게 극복할 것인가에 대해서 논의하고 있지요.

폴 크루그먼은 진보적인 경제학자이기도 합니다. 부자들을 위한 경제 정책만으로는 경제가 좋아질 수 없다는 생각을 가지고 있어요. 사회에 가난한 사람들이 줄어야 경제도 발전할 수 있다고 생각하지요. 폴 크루그먼은 현실을 바로 보고 현실에 맞는 해법을 제시하는 경제학자입니다.

또한 그는 머리로만 생각하는 경제학자가 아닙니다. 대중이 쉽게 이해할 수 있게 주장하고 글을 쓰지요. 경제를 생각하면 복잡한 그래프와 수식이 떠올라서 어렵다는 생각부터 떠오를 수 있어요. 하지만 경제는 우리의 일상과 관련이 많기 때문에 우리 주변의 일과 관련해서 설명할 필요가 있어요.

폴 크루그먼은 경제와 정치는 관련이 많다고 생각해요. 어떤 친구들은 경제가 정치와는 관계없다고 생각할 수 있지만, 정치는 우리 생활 전반에 큰 영향을 끼치는 요인이에요. 정치 과정의 결과에 따라서 여러분의 부모님과 여러분 자신의 삶이 영향을 받고 바뀔 수 있기 때문이에요. 경제와 정치를 연결해서 공부한다면 여러분의 생활에 큰 도움이 될 거라고 믿습니다. 그 부분에 대해서는 책에서 자세하게 설명드릴게요.

이 책에서는 폴 크루그먼을 소개하고 있지만, 그렇다고 폴 크루그먼의 주장이 무조건 옳다고 생각하지는 않았으면 좋겠어요. 하나의 현상을 두고도 여러 가지 주장이 있을 수 있는데, 그 주장 중 어느 하나만이 무조건 옳다고는 할 수 없기 때문이에요. 그래서 저는 이 책을 통해 여러분이 상대방의 주장을 이해하고 설득할 수 있는 능력도 키웠으면 좋겠다는 바람을 가져 봅니다.

이석진

차 례

물가가 전반적이고 지속적으로 상승하는 현상을 인플레이션이라고 한다. 인플레이션을 발생 원인별로 살펴보면 경제 전체의 공급에 비해서 경제 전체의 수요가 빠르게 증가할 때 발생하는 수요 견인 인플레이션과 생산 비용이 상승하여 발생하는 비용 인상 인플레이션이 있다. 하지만 인플레이션이 일단 발생하면 두 가지 요인이 상호 작용하여 누적적으로 일어나는 경향을 보인다.

경제 상황은 시기에 따라서 좋아지기도 하고 나빠지기도 한다. 경제 상황이 좋아지면 생산과 고용이 증가하며 소득이 올라가고, 경제 상황이 나빠지면 기업에 재고가 쌓이고 생산은 위축되며 실업이 증가한다. 경기 변동은 크게 상승 국면과 하강 국면으로 나눌 수 있는데 경제가 상승기에 들어서면 실업률이 하락하고 사람들의 소득도 매우 높은 상태가 된다. 하지만 경제가 하강기에 들어서면 고용이 감소하고 소득도 낮아져 생활고에 시달리기도 한다.

정부가 고용이나 물가를 안정시키려는 정책을 경제 안정화 정책이라고 부른다. 경제 안정화 정책은 다시 재정 정책과 통화 정책으로 나뉘는데, 재정 정책은 조세와 정부 지출을 조절함으로써, 통화 정책은 통화량과 이자율을 조절함으로써 경제를 안정화시킨다.

	세계사	폴 크루그먼	한국사
1953		미국 출생	
1955	바르샤바 조약 기구 성립		
1974		예일 대학교 경제학 학사	
1977		메사추세츠 공과 대학교 경제학 박사	제4차 경제 개발 5개년 계획
1978		예일 대학교 경제학과 교수	
1979			10·26 사건
1981	미국 우주 왕복선 시험 비행 성공		
1982		백악관 경제 자문 위원회 위원	
1986	체르노빌 원자력 발전 방사능 누출 사고		서울 아시안 게임 개최
1990	독일 통일		
1991	걸프 전쟁	존 베이츠 클라크 상 수상	남북한 유엔 가입
1992	소련 해체		우리별 1호 발사
1993	유럽 연합 출현		
1995		『경제학의 향연』 출간	
1997	아시아 경제 위기		IMF 외환 위기
1999	포르투갈, 중국에 마카오 반환		
2000		프린스턴 대학교 경제학과 교수	6·15 남북 공동 선언
2001	9·11 테러		
2003	미국·이라크 전쟁		
2008		노벨 경제학상 수상	

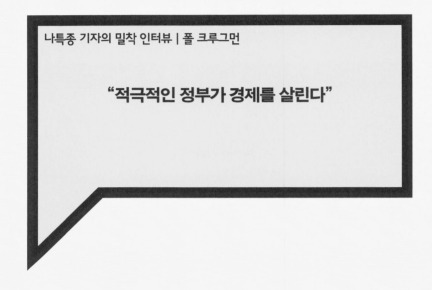

"적극적인 정부가 경제를 살린다"

안녕하세요, 나특종 기자입니다. 오늘은 세계 경제학자 중 최근에 가장 이슈가 되고 있으며 무역 이론과 경제 지리학을 결합한 학문적 공로를 인정받아 노벨 경제학상을 받으신 폴 크루그먼 교수를 만나 보고자 합니다.

폴 크루그먼 교수님, 제가 인터뷰를 준비하며 교수님에 대해 알아보니까 많은 별명을 가지고 계시더라고요. 가장 대표적인 별명이 '불황의 전도사'이던데, 이 별명에 대해서 어떻게 생각하시나요?

제가 불황을 예언한 게 몇 번 맞아서 그 별명이 생겼습니다. 그런데 왠지 '불황의 전도사'라고 하면 제가 불황을 일으키는 사람인 것처럼 들려서 그리 좋은 기분은 아닙니다. 그보다는 불황을 예견하고 이를 극복하기 위한 방안을 이야기했으니까 '불황 극복의 전도사'라고 해 주셨으면 합니다.

교수님은 유대인 출신인 걸로 알고 있습니다. 흔히 유대인들 가운데 천재가 많다고 하는데 이런 통설에 대해 어떻게 생각하시나요?

저는 스스로 천재라고 생각하지 않습니다. 그리고 유대인들 중에 천재가 많은 것은 사실이지만 그것은 유전적인 것보다는 유대인의 교육 방법에 이유가 있는 것이 아닐까 생각합니다. 유대인들은 아이들이 학교에서 돌아오면 오늘 무엇을 배웠냐고 물어보지 않고 무엇을 질문했냐고 물어보거든요. 항상 질문을 던지는 훈련이 되어 있다는 것이지요. 이런 교육 방법이 저에게도 도움이 된 것 같습니다.

좋은 말씀이시네요. 교수님은 예일 대학교를 졸업하고 메사추세츠 공과 대학에서 경제학 박사 학위를 받으셨습니다. 현재는 프리스턴 대학에서 경제학과와 외교학과 교수로 재직 중이시고요. 평소 경제는 정치와 관련이 깊다는 말씀을 자주 하셨는데 외교학과에서 교수로 재직하시는 것도 이와 관련된 것이겠지요?

물론 그 둘은 따로 떨어뜨릴 수 없는 관계라고 생각해요. 그래서 정치 분야인 외교학과에서 가르치고 있는 것이고요. 정치를 떠올리면 여러분은 어렵다고 생각할 거예요. 사실 어른들에게도 어려운 문제니까요. 그런데 그 정치가 실은 여러분과 굉장히 관련이 깊어요. 앞으로 수업 시간에 자세히 이야기하겠지만 먼저 간단히 예를 들어 설명해 볼까요?

한국에서는 학교 급식을 무상으로 할 것인가 유상으로 할 것인가 논란이 많이 되었지요. 급식 비용으로 얼마가 필요한가는 경제 문제입니다. 전국에 많은 학교가 있고 또한 많은 학생들이 있으니까요. 그 급식비를 여러분의 부모님이 낼지 나라에서 부담할지 결정하는 것이 정치예요. 그러니까 경제도 정치와 밀접한 관계가 있는 거지요.

정치가 경제와 관련이 있을 뿐 아니라 어린이들의 삶에도 관련이 있다는 사실이 다가옵니다. 교수님은 1991년에는 노벨상보다도 받기 어렵다는 '존 베이츠 클라크 상'을 받으시고 2008년에는 노벨상을 받으셨지요. 학자로서는 더 이상 이룰 것이 없을 정도의 성과를 내셨는데 그럼에도 불구하고 더 열정적으로 활동하시는 이유는 무엇인가요?

저는 경제학이 단순히 이론에만 머물러서는 안 된다고 생각합니다. 현실을 정확히 분석해서 해결 방법을 제시해야 하는 것이지요. 그래서 책도 많이 쓰고 『뉴욕 타임스』 같은 신문에도 정기적으로 칼럼을 쓰고 있지요. 이론만 나열하는 것이 아니라 현실 문제를 최대한 쉽게 설명하려고 노력하고 있습니다.

펴낸 책으로는 『경제학의 향연』, 『불황 경제학』, 『미래를 말하다』 등이 있습니다. 일반 독자들이 이 책들을 많이 읽어 주셨는데, 그 이유는 경제에 대해 쉬운 용어로 현실과 연결해서 썼기 때문이라고 생각합니다. 말을 하다 보니 왠지 제 자랑같이 들리는데요, 제가 주장하고 싶은 것은 이론에만 머무르는 학문은 반쪽짜리 학문이라는 것입니다.

학문이 현실을 해결할 수 있어야 살아 있는 이론이라고 하겠지요. 교수님의 이론을 설명할 때 영국 경제학의 대표자 케인스를 빼놓을 수가 없습니다. 이에 대해 어떻게 생각하시나요?

케인스
영국의 대표적인 경제학자로 그의 사상은 루스벨트 대통령의 뉴딜 정책을 초래했습니다.

저는 케인스와 밀접한 관련이 있습니다. 저 같은 사람을 케인지언이라고 하잖아요. 케인스 학파라는 말이지요. 케인스는 불황을 극복하는 방법을 최초로 고안한 경제학자라고 할 수 있어요. 대공황이 왔을 때 다른 경제학자들은 가만히 있으면 경제가 저절로 좋아질 거라고 했잖아요. 그런데 케인스는 아무것도 하지 않으면 우리 모두 죽는다는 극단적인 표현까지 했어요.

중요한 것은, 케인스의 해결 방법을 따른 나라들이 대공황에서 벗어날 수 있었다는 것이죠. 현재 어떤 나라도 케인스의 영향력에서 벗어나 있지 않습니다. 정도의 차이가 있을 뿐이지 거의 모든 나라가 경제 문제를 해결하기 위해서 무언가를 하잖아요. 그 무언가를 한다는 것이 지금은 당연한 것 같지만 사실 케인스 시대에는 케인스만 주장했던 일이랍니다. 여러분은 당연하게 생각하겠지만, 정부에서 도로를 만들고 다리를 놓는 것 등이 다 케인스의 처방이라고 할 수 있습니다. 저는 지금도 그 처방이 옳다고 생각합니다.

교수님의 저서 『미래를 말하다』를 읽었는데요, 그 책에서 교수님은 다시 케인스의 시대로 돌아가야 한다고 표현하셨더라고요. 교수님은 항상 케인스의 주장과 같이 정부가 경제에 적극 개입해야 한다고 하시잖아요. 그런데 교수님의 주장에 대해 반대하는 학자들도 많더라고요. 이에 대해서는 어떻게 생각하십니까?

　정부가 항상 옳지는 않지요. 그렇지만 정부가 아무것도 하지 않는 것보다는 낫다고 생각합니다. 그냥 가만히 있으면 경제가 좋아진다고 주장하는 것은 무책임하다고 생각합니다. 사람이 물에 빠졌는데 미리 수영을 배웠다가 알아서 헤엄쳐 나오라고 하면 되겠습니까? 구조대원을 보내서 물에 빠진 사람을 구해야죠. 여러분도 잘 아시다시피 구조대원이 모든 사람을 구조하지는 못하지만 많은 사람을 구하지 않습니까? 저는 정부도 그렇다고 생각합니다.

그런 예를 드시니까 교수님의 주장이 한번에 다가오네요. 교수님을 유명하게 만든 사건이 있잖습니까. 아시아 경제 위기와 국제 금융 위기를 예상한 것 말입니다. 어떻게 예상하신 게 다 맞을 수 있었나요?

하하하. 제가 점쟁이도 아니고 어떻게 다 맞추겠습니까? 다만 항상 경제 상황을 잘 살펴보고 질문을 던지다 보면 예측이 맞는 경우가 많을 따름이지요. 중요한 것은 위기를 예측해서 미리 방지하는 것이고 방지를 못했다면 해결이라도 해야 한다는 것입니다. 한국 속담에도 있지만 소 잃고 외양간을 고치는 것은 소용이 없잖아요. 이 수업을 통해 불황이 무엇인지, 그리고 이를 해결하기 위해 어떻게 해야 하는지 자세히 공부할 겁니다. 관심을 가지고 들어 주시면 좋겠습니다.

한국 경제에 대한 교수님의 의견이 궁금하군요.

한국은 대단한 나라죠. 가난한 나라에서 세계 15위의 경제 대국이 되었잖아요. 그것도 50여 년 만에요. 아시아 경제 위기 때는 단기간에 위기를 극복했고요. 그 당시 한국인들이 벌인 '금 모으기' 운동은 세계를 놀라게 했어요. 최근의 국제 금융 위기도 다른 나라들에 비해서 잘 극복하고 있고요. 세계에서 드문 성공 사례라고 생각합니다.

> **금 모으기**
> IMF 구제 금융 요청 당시 외채를 갚기 위해 시민들이 자발적으로 소유한 금을 나라에 기부했던 운동입니다.

최근 한국에서는 대기업 특히 재벌이 많은 비판을 받고 있습니다. 이에 대해서 간단히 의견을 말씀해 주셨으면 합니다.

나는 대기업이나 재벌이 무조건 비판받아야 된다고 생각하지 않습니다. 힘센 것이 나쁜 것이 아니라 힘센 사람이 약한 친구를 괴롭히는 것이 잘못된 일이잖아요. 학교에서 규칙을 정하고 힘센 친구가 힘이 약한 친구를 괴롭히지 못하도록 행동을 바로잡는 것이 중요하지요. 힘센 친구가 힘이 약한 친구를 도와줄 수 있다면 더 좋은 일이고요. 이런 것처럼 대기업이나 재벌이 그 자체로 나쁜 것은 아니라고 생각해요. 중소기업을 괴롭히고 이익을 뺏어 가는 재벌·대기업이 나쁜 것이죠. 잘하는 재벌·대기업은 칭찬해 주고 나쁜 행동을 하는 재벌·대기업은 정부가 규칙을 정해서 지키도록 하는 것이 중요하다고 생각해요.

『불황의 경제학』을 떠올리면 우울하기만 했는데 교수님의 말씀을 듣고 보니 희망이 생깁니다. 지금까지 인터뷰에 응해 주신 교수님께 감사드리고요, 이상으로 인터뷰를 마치겠습니다.

불황이 뭐예요?

사람들은 경제가 항상 좋은 상황이기를 기대합니다. 그린데 아직까지 경제가 항상 좋았던 적은 없었어요. 하지만 안 좋은 경제를 회복할 수 있는 방법은 여러 가지가 있습니다. 이번 수업에서는 다양한 경제 상황에 대해 알아보고 불황의 개념에 대해 배워봅시다.

수능과 유명 대학교의 논술 연계

2013 수능 경제 13번

2013 수능 경제 17번

2007년 9월 수능 모의평가 9번

인플레이션과 디플레이션 중 어느 것이 나을까?

가게에서 파는 물건에는 모두 가격이 정해져 있죠? 세상에는 수많은 상품들이 있고 그 상품들에는 가격이 정해져 있어요. 그렇다면 가격과 물가는 어떻게 다를까요?

개별 상품의 가치를 수치로 나타낸 것이 가격이라면, 여러 가지 상품의 가치를 종합적이고 평균적으로 본 개념을 물가라고 합니다. 물가란 개별 상품의 가격이 아니라 모든 상품의 평균 수준이라고 생각하면 되지요. 그런데 어떤 상품의 가격이 얼마 전에는 1000원이었는데 다시 사러 가니까 1100원인 경우가 있어요. 드물기는 하지만 반대로 가격이 낮아지는 경우도 있고요. 이렇게 물가가 전반적으로 꾸준히 상승하는 것을 인플레이션이라고 하고 하락하는 것을 디플

> **교과서에는**
>
> 인플레이션은 물가 지수의 변동률로 측정합니다. 이때 공급에 비해서 수요가 빠르게 증가할 때 발생하는 수요 견인 인플레이션과 생산 비용이 상승하여 발생하는 비용 인상 인플레이션이 있습니다.

레이션이라고 합니다.

가끔 어른들이 뉴스를 보면서 정부에서는 물가가 조금밖에 오르지 않았다고 하는데 시장이나 마트에 가 보면 물건값은 너무 많이 올랐다고 불평하시는 것을 들어 본 적이 있을 거예요. 왜 이런 경우가 생기냐 하면 물가라는 개념의 특성 때문에 그렇습니다. 물가는 상품 가격의 평균이라고 했지요? 수많은 상품 중에는 가격이 내려간 것과 올라간 것이 있을 수 있는데, 이것을 모두 합해 평균을 내면 물가가 별로 오르지 않은 것처럼 보일 수 있습니다. 특히 농산물이 자주 이러한 경우에 해당됩니다. 왜냐하면 농산물은 잘 팔린다고 갑자기 생산을 많이 할 수 없고, 잘 팔리지 않는다고 갑자기 생산물을 반품하거나 보관하기도 어렵기 때문입니다.

그렇다면 인플레이션과 디플레이션 중 어느 것이 더 나을까요? 물가가 올라가면 물건을 사기가 어려워지니까 인플레이션보다 디플레이션이 좋은 것일까요? 결론부터 말하자면 인플레이션과 디플레이션 중에 무조건 나쁘거나 좋은 것은 없습니다. 그럼 장단점을 하나씩 살펴볼까요.

물가가 지속적으로 상승하는 인플레이션에서는 누가 유리할까요? 물건을 가지고 있는 사람이 유리합니다. 예를 들어 문구점에서 파는 공책의 가격이 1000원에서 1100원으로 오르면 문구점 주인은 같은 공책을 팔고도 이전보다 100원을 더 받을 수 있기 때문입니다. 반대로 돈을 주고 공책을 사는 사람은 100원을 더 내야 하니까 불리합니다.

이처럼 물가가 올라가면 돈의 가치가 떨어집니다. 같은 돈으로 살 수 있는 물건이 적어지기 때문입니다. 그래서 만약에 누군가에게 돈을 빌려 줬다면 돈을 빌려 준 사람은 불리해집니다. 나중에 돈을 받아서 살 수 있는 물건이 줄어들기 때문이지요. 반대로 돈을 빌린 사람은 갚아야 할 돈의 가치가 줄어들었으니까 사실상 유리합니다. 돈을 1000원 빌렸으면 그대로 1000원을 갚아야 하는데 무엇이 유리하다는 거냐고요? 다시 설명해 볼게요. 돈의 액수는 1000원으로 같지만, 돈을 빌려 줄 때만 해도 그 돈으로 1000원짜리 공책을 살 수 있었는데 이제는 공책값이 1100원이 되었기 때문에 살 수가 없잖아요. 그래서 돈을 빌려 준 사람이 불리하다는 겁니다. 이제는 이해가 되나요?

이렇게 경제는 물가 하나만 보더라도 같은 경제 상황에서 유리한 사람이 있고 불리한 사람이 있습니다. 그래서 인플레이션이 무조건 모두가 좋다거나 나쁘다거나 할 수 없어요. 경제 문제가 발생하면 그 상황을 잘 알고 대처하는 것이 중요합니다.

그러면 디플레이션은 어떨까요? 인플레이션과 반대로 생각하면 쉬워요. 디플레이션은 물건을 가지고 있는 사람보다 돈을 가지고 있는 사람이 유리합니다. 돈을 1000원 가지고 있는데 공책값이 1000원에서 900원으로 떨어지면 공책을 사고 100원이 남잖아요.

그러면 돈을 빌려 준 사람과 빌린 사람 중에는 누가 유리할까요? 돈을 빌려 준 사람이 유리합니다. 돈을 받아서 살 수 있는 물건이 많아지니까요.

상품의 가격이 올라가는 건 봤지만 내려가는 건 못 봤다고요? 잘

생각해 보면 내려간 경우도 있습니다. 예를 들어 누구나 사용하는 핸드폰 요금은 전보다 많이 내려갔습니다. 그리고 각각의 상품 가격이 내려가는 경우도 있지만 물가 전체가 내려가는 경우도 있어요.

　디플레이션이 되면 물가가 내려가니까 좋다고 생각할 수 있어요. 그런데 물가가 내려가기 시작하면 경제 상황이 나빠지는 경우가 많습니다. 물가가 내려가는 이유가 물건이 잘 팔리지 않아서 그런 경우가 많거든요. 물건이 팔리지 않으면 회사가 어려워지고, 그러면 회사에서 일하는 근로자들도 어려워져 결국 전체 경제가 어려워지게 되는 것이지요.

이제 인플레이션과 디플레이션 모두 장점과 단점이 있다는 것을 알았지요? 여러분도 인플레이션과 디플레이션이 어떤 경우 좋고 어떤 경우 나쁜지 한번 생각해 보세요.

호황과 불황

"요즘 경기가 너무 안 좋아", 혹은 "요즘 경기가 좋아"라는 말을 들어본 적이 있나요? 여기에서 경기가 나쁘다는 것은 불황과 통하는 말이고 경기가 좋다는 것은 호황과 통하는 말입니다. 경기가 좋은 호황의 기간을 호황기라고 하고 경기가 나쁜 불황의 기간을 불황기라고 해요. 호황은 생산이 많아지는 것을 말하고 불황은 생산이 적어지는 것을 말하지요.

생산 활동이 많아지는 호황기에는 생산을 위해서 기업에서 많은 사람들을 고용합니다. 고용이 늘어난다는 말은 기업에서 근로자들을 많이 채용하게 된다는 것입니다. 채용이 늘어 근로자들의 수입이 많아지면 그에 따라 소비도 늘게 됩니다. 경제적으로 좋은 시기라고 할 수 있습니다.

반대로 불황기에는 생산이 줄어드니까 기업에서 근로자들을 해고하거나 채용하지 않게 됩니다. 이 과정에서 근로자들은 수입이 적어지니까 사고 싶은 물건을 사지 못하게 되어 소비가 줄어들며, 기업은 물건이 팔리지 않으니 다시 어려워지는 악순환이 계속됩니다. 경제적으로 안 좋은 시기가 되는 거지요.

그럼 지금까지 배운 인플레이션과 디플레이션 그리고 호황과 불황의 관계에 대해서 알아볼까요? 보통 호황은 인플레이션과 연결되고 불황은 디플레이션과 연결됩니다. 시장에서의 가격은 수요와 공급에 의해서 결정되기 때문입니다. 수요가 많아지면 가격이 올라가서 경제 호황기에는 대체로 물가가 상승합니다. 그래서 인플레이션이 꼭 나쁜 것은 아니라는 겁니다. 반대로 불황기에는 디플레이션이 나타나서 물가가 떨어지게 됩니다. 상품에 대한 수요가 적어지기 때문이지요. 그러니까 물가가 떨어진다고 꼭 좋은 건 아닙니다.

여러분은 경제는 호황이면서 물가는 안 올라갔으면 좋겠지요? 사실 호황기에 물가가 떨어지거나 최소한 오르지 않으면 그보다 더 좋을 수는 없을 것입니다. 그런데 그런 일은 극히 드물지요. 유명한 경제학자인 **슘페터**는 경제는 혁신에 의해서 발전한다고 했습니다. 경제 혁신이 일어나면 그러한 일이 일어날 수도 있겠지요. 그러니 여러분도 혁신할 수 있는 방법을 찾아보세요. 그러면 호황이면서도 물가가 많이 오르지 않는 경제가 될 수 있을 거예요. 또 다른 경우로 케인스가 만든 이론에 따르는 방법이 있습니다. 심한 불황기에 정부가 나서서 돈을

슘페터
오스트리아 출신의 미국 경제학자로 케인스와 함께 20세기의 대표적 경제학자로 손꼽힙니다.

슘페터는 기업의 신기술 도입이나 신제품 개발이 경제 발전의 동력이 된다고 주장했습니다.

쓰면 물가는 오르지 않고 경제만 좋아지는 경우가 있다고 합니다.

누구도 몰랐던 스태그플레이션

앞에서 호황일 경우 보통 인플레이션이 되고 불황일 경우 디플레이션
이 된다고 했습니다. 그런데 그렇지 않은 일이 일어났습
니다. 1929년에 미국에 대공황이라는 사건이 발생한 것
입니다. 경제에 혼란이 생겨 상품의 생산과 소비의 균형
이 깨짐으로써 산업이 침체하고 금융 상태가 좋지 않아
안정되지 못하는 상태가 지속되게 된 것이죠.

교과서에는

대공황이란 장기간 지속되는 심
각한 불황을 의미하는 말로, 이
때 생산과 소득이 감소하고 실업
률이 크게 증가했습니다. 미국
대공황은 1929년부터 1933년
까지 지속되었습니다.

　그때 케인스가 해법을 제시했습니다. 대통령 루스벨
트는 이를 받아들여서 **뉴딜 정책**을 통해서 대공황을 극
복했어요. 정부가 나선다는 케인스의 해법은 1960년까
지만 해도 자본주의의 한계를 보완하는 경제 정책에 한
해서 정답이었습니다. 그런데 1970년대에 들어서면서
상상하지 못한 일이 일어나고 말았습니다.

뉴딜 정책

루스벨트 대통령의 지도 아래 대
공황 극복을 위해 추진되었던 제
반 정책입니다. 정부가 적극적으
로 개입하여 자유주의 경제에 대
해 수정을 가했습니다.

　불황이면서도 인플레이션인 상황이 발생한 거예요. 생산은 줄어
드는데 오히려 물가는 올라가는 현상이 나타난 것이지요. 이를 스태
그플레이션이라고 해요. 사람들은 당황하기 시작했습니다. 한 번도
그런 일이 일어난 적이 없었기 때문에 대책도 없었거든요. 왜 불황
인데 물가가 올라갔을까요?

여러분은 중동 지역에 대해 들어 봤나요? 이라크, 사우디아라비아, 이란, 쿠웨이트가 있는 지역이지요. 중동에서는 석유가 많이 생산됩니다. 그런데 이 석유의 가격이 오르기 시작한 거예요. 석유는 현대 사회에서 없어서는 안 되는 필수 자원입니다. 자동차의 연료가 될 뿐만 아니라 가정의 난방 연료, 우리가 입는 옷, 신는 신발 등 석유로 만들어지는 물건은 셀 수가 없죠. 그러니 석유 가격이 상승하면 석유로 만드는 물건의 생산이 줄 수밖에 없겠죠? 상품의 공급이 줄어드니 당연히 물가는 상승하고요.

교과서에는

이처럼 생산 비용이 상승하여 발생하는 인플레이션을 비용 인상 인플레이션이라고 합니다. 이때 대부분의 상품 가격이 급등하기 때문에 인플레이션과 더불어 불황이 나타나게 됩니다.

최악의 상황이 되어 버린 것입니다. 사람들은 어떻게 했을까요? 옛날의 경제 방식을 고수했어요. 그랬더니 불황은 더 심해지고 물가는 더 상승하게 되었어요. 그러면 어떻게 해야 될까요? 쉽지는 않지만 석유의 가격을 낮추는 방법밖에는 없겠죠? 당연한 이야기 같지만 당시에는 그렇게 생각하지 못했어요.

석유 가격을 낮추기 위해서는 석유의 소비를 줄여야 했고 그때부터 대체 에너지 개발이 활발히 시작되었어요. 지금은 많이 알려진 태양광 에너지, 전기 자동차, 하이브리드 자동차 등이 개발되기 시작한 계기가 되었다고 볼 수도 있겠죠. 아직까지도 석유는 중요한 자원이지만 많은 사람들이 대안을 만들어 가고 있습니다.

이렇게 공급에 문제가 생기는 경우는 또 있습니다. 농산물이 대표적이지요. 농산물은 기후의 영향을 많이 받는데 기후는 예측하기도 어렵고 변화에 대응하기도 어렵습니다. 그래서 계절마다 배추 파동이 나고 밀가루 파동이 나서 김치 가격이 오르고 여러분이 좋아하는 과자와 자장면 가격이 오르는 거예요. 농산물은 공급을 조절하기가 어려워요. 그래서 흉작이 되어도 문제이지만 풍작이 되어도 문제가 생깁니다. 이러한 경우를 대비하여 정부에서도 적절한 정책을 마련하고자 하지만 한계가 있지요.

사람들은 좋은 방법이 하나 있으면 그것을 계속 사용하려고 하는 경우가 많아요. 경제도 그렇지요. 미국 대공황 때에도 사람들은 수요와 공급의 원리에 따라 자동으로 경제가 다시 좋아질 거라고 생각했습니다. 그래서 별다른 행동을 취하지 않았지요. 그 결과는 어땠을까요? 경제가 좋아지지 않아서 사람들은 오랫동안 고통을 받아야 했습니다.

하지만 케인스는 이들과 다르게 생각해서 해법을 마련했습니다. 위대한 과학자 아인슈타인은 "우리가 직면한 중대한 문제들은 우리가 그 문제들을 발생시킨 당시에 갖고 있던 사고방식을 가지고는 해결할 수 없다"고 말했습니다. 새롭게 발생한 문제는 새로운 방법으로 해결해야 한다는 말이지요. 그래서 여러분의 상상력이 중요합니다. 문제에 대해 다르게 생각해 보는 것이 중요하지요. 옛날에 그랬으니까 지금도 그렇게 하면 되겠다는 식으로 생각하면 해결하지 못하는 경우가 많아요. 대공황은 그런 교훈을 주는 사건이었지요.

저도 아직까지는 케인스의 방법이 맞다고 생각해요. 그렇지만 언제나 맞는 방법인지는 항상 고민해야 합니다. 지금 경제 상황에 맞도록 개선하고 발전시키기 위해 계속 연구하며 그에 따른 불황 극복의 방법을 제시해야 합니다.

일을 안 하는 사람은 모두가 실업자일까?

지금까지 인플레이션과 디플레이션, 스태그플레이션에 대해서 배웠어요. 여기에서 불황과 관련해서 중요한 개념을 하나 더 배워 볼까요. 여러분도 실업이라는 말을 뉴스나 신문에서 들어 보았지요? 실업자라는 말도요. 실업은 '일할 의사와 노동력이 있는 사람이 일자리를 잃거나 일할 기회를 얻지 못하는 상태'를 가리키며, 실업 상태에 있는 사람을 실업자라고 합니다.

경제 불황이 닥치면 회사들은 근로자들을 해고하기 시작합니다. 만약 여러분의 부모님이 직장에서 해고되어 내일부터 일하시지 못한다고 가정해 봅시다. 수입은 없지만 기본적으로 생활하는 데 필요한 식비나 전기 요금, 수도 요금 등은 나가기 때문에 가정 경제가 순식간에 파탄에 이르게 되지요. 극심한 생활고 때문에 범죄를 저지르는 등 여러 가지 사회 문제가 뒤따르기도 합니다.

실업자가 많아지면 가정에만 문제가 생기는 게 아닙니다. 불황의 가장 큰 문제 중의 하나는 실업입니다. 실업이 늘어나면 경제 전반에 큰 영향을 미쳐 경제를 다시 살리는 것도 힘들어지기 때문입니다. 그래서 나라에서는

파탄
상점, 회사 따위의 재정이 지급 정지 상태가 되는 것을 이르는 말입니다.

교과서에는
실업은 개인적인 어려움 외에 사회적 비용도 초래하게 됩니다. 실업이 증가하면 조세 수입이 감소하고 사회 보장비 지출이 늘어나 정부의 재정 부담이 증가하기 때문이지요.

```
                                    ┌ 취업자
              ┌ 경제 활동 인구 ┤
노동 가능 인구 ┤               └ 실업자
  (15세 이상)  └ 비경제 활동 인구
```

경제 활동 인구 구성

항상 실업이 많이 발생하지 않도록 노력하고 있어요.

그러면 어떤 사람들이 실업자인지 알아야겠죠? 일을 하지 않고 있는 사람들은 모두 실업자일까요? 일할 능력이 없거나 일할 의사 즉 생각이 없다고 모두 실업자가 아니에요. 우리나라의 15세 이상 인구 중에서 일할 능력과 일할 의사가 있는 사람을 경제 활동 인구라고 해요. 일할 능력이 없거나 일할 의사가 없는 사람은 비경제 활동 인구라고 하고요.

여러분의 나이가 15세 이상이 되지 않았다면 경제 활동 인구와 비경제 활동 인구 모두에 포함되지 않습니다. 나이가 15세 이상인데 현재 학교에 다니고 있다면 일할 능력은 있지만 일할 의사가 없으니까 비경제 활동 인구에 속하게 되고요. 비경제 활동 인구에는 학생, 주부, 군인 등이 포함됩니다.

경제 활동 인구 중에서 현재 취업을 한 사람을 취업자라고 하고 취업을 하지 못한 사람을 실업자라고 합니다. 그리고 경제 활동 인구 중에서 실업자의 비율을 실업률이라고 하는 거예요. 예를 들어 경제 활동 인구가 100명인데 실업자가 5명이면 실업률은 5퍼센트

가 되는 겁니다.

전에는 나라에서 실업자를 어떻게 줄일지에 대해서만 주로 고민하고 정책을 만들었어요. 실업률만 낮으면 좋은 것으로 생각했으니까요. 그러다 보니 취업을 하지 않고 공부만 계속하거나 일자리를 찾지 않고 노숙하는 사람들 등은 관심 밖이었지요. 관심을 받지 못하는 가운데 비경제 활동 인구가 늘어났고 경제에도 안 좋은 영향을 미치기 시작했어요. 그래서 최근에는 어떻게 하면 비경제 활동 인구를 줄일 수 있을지 고민하는 단계에 이르렀습니다.

무서운 초인플레이션

호황기에는 보통 인플레이션이 된다고 했지요? 그런데 사람들은 인플레이션을 싫어해요. 물가가 적절히 오르는 것은 괜찮은데 갑자기 엄청나게 오르는 것이 두렵기 때문이지요. 갑자기 급격하게 물가가 상승하는 것을 초인플레이션이라고 합니다. 그럼 초인플레이션의 역사를 살펴볼까요?

대표적인 초인플레이션은 1923년 독일의 바이마르 공화국 시절에 있었어요. 그해 독일은 초인플레이션이 발생해서 11월 15일에는 빵 1파운드를 사기 위해서 800억 마르크가 필요했다고 해요. 고기 1파운드는 9000억 마르크였고요. 그래서 사람들은 물건을 사기 위해서 지폐를 수레에 싣고 다녔다고 하지요. 화폐는 1조 마르크짜리까지 발행되었는데, 장작값이 비싸서 지폐로 땔감을 대신했다는 이야기도 있었어요. 또 어떤 할머니가 이쑤시개를 사기 위해 바구니에 돈을 담아 들고 갔는데 판매원하고 이야기하는 사이에 도둑이 돈은 버리고 바구니만 가져간 웃지 못할 일도 있었다고 해요. 인플레이션일 때는 물건을 가진 사람이 유리하다고 했잖아요. 극단적인 현상이 발생한 거죠. 이렇게 돈의 가치가 떨어지면 사람들은 돈을 가지려고 하지 않아요. 그러면 경제가 마비되는 거죠.

초인플레이션으로 돈의 가치가 떨어지자 돈으로 블록 쌓기를 하고 노는 아이들의 모습입니다.

혹시 여러분은 나라에서 돈을 많이 찍어서 사람들에게 나누어 주면 모든 사람이 부자가 될 수 있을 거라고 생각해 본 적이 있나요? 그런데 그런 일은 일어날 수가 없어요. 생산은 없이 돈만 찍어 내면 초인플레이션만 발생하게 되기 때문이죠.

이렇게 초인플레이션이 되면 경제에 혼란이 오고 사람들은 화폐를 사용하지 않습니다. 경제가 물물교환 수준으로 전락하게 되는 것이죠. 그래서 경제를 운용하는 사람들은 경제를 발전시키면서도 초인플레이션이 되지 않도록 항상 조심해야 합니다.

불황은 왜 오는 거예요?

앞에서 우리는 불황과 관련된 여러 가지 개념에 대해 알아보았습니다. 그렇다면 이러한 불황은 왜 발생하고 이를 해결하기 위해서는 어떻게 해야 할지 다양한 사례를 통해 살펴보도록 하겠습니다.

수능과 유명 대학교의 논술 연계

2013 수능 경제 4번

2008년 9월 모의평가 7번

롤러코스터 같은 경제

앞에서 인플레이션과 디플레이션, 호황과 불황, 스태그플레이션의 개념과 관계에 대해서 알아보았어요. 그런데 경제는 항상 좋을 수만은 없다고 했지요? 그렇다면 왜 경제에 불황이 오게 될까요? 불황이 오는 이유를 알면 사전에 예방할 수 있지 않을까요?

불황이 왜 오는지 알아보기 전에 먼저 경기 변동의 종류부터 알아보기로 해요. 경제에서는 호황기와 불황기가 번갈아 가며 나타납니다. 이를 경기 변동이라고 해요. 여러분도 어느 날은 친구들과 즐겁게 놀지만 어느 날은 친구와 싸우기도 하지요. 기분이 좋은 날이 있는가 하면 우울한 날도 있고요. 경제도 그렇게 좋은 날이 있는 반면에 나쁜 날도 있어요. 롤러코스터처럼 올라갔다가 갑자기 떨어지고는 하지요.

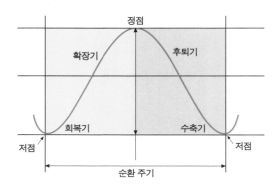

경기 변동 주기

경기 변동은 크게 네 기간으로 나누어집니다. 첫째, 회복기는 경제가 굉장히 좋지 않다가 좋아지는 시기를 말해요. 물건이 팔리기 시작하고 사람들이 직장을 얻기 시작하는 시기이지요.

두 번째는 확장기인데 경제에서는 이때가 가장 좋은 시기입니다. 물건이 넘쳐나고 일하고 싶은 사람은 대부분 일할 수 있는 시기이지요. 맛있는 것도 많이 사 먹고 사고 싶은 물건을 마음껏 살 수도 있어요. 이러한 확장기의 끝을 정점이라고 합니다. 이때는 가장 좋지만 이미 경제가 나빠지는 조짐이 보이는 시기예요.

다음은 세 번째로 후퇴기입니다. 물건이 잘 팔리지 않고 기업들은 근로자들을 해고하기 시작합니다. 어려운 시기가 시작된 거예요.

마지막으로 네 번째는 수축기로 경제가 가장 안 좋은 시기랍니다. 물건이 안 팔려 숱한 기업들이 망하고 실업자가 넘쳐나는 시기입니다. 수축기에서 가장 안 좋은 시기를 저점이라고 해요.

앞의 저점에서 정점을 지나 다음 저점까지를 순환 주기라고 해요. 경제는 대체로 이런 순환 주기를 가지고 변동합니다.

그럼 경기 변동의 모습과 증상에 대해 자세히 알아보겠습니다. 먼저 재고에 문제가 생기는 경우입니다. 회사에서는 상품을 생산해서 소비자들에게 판매해야 하는데 소비자들이 얼마나 살지 정확히 알 수 없습니다. 그래서 일정량을 생산해서 창고에 보관하면서 판매하게 되지요. 이렇게 창고에 보관하는 상품을 재고라고 합니다. 이런 상품을 관리하는 것을 재고 관리라고 하고요. 물건을 생산하는 것 못지않게 재고 관리도 중요한 일입니다.

재고 때문에 경기 변동이 일어난다는 건 어떻게 설명할 수 있을까요?

많은 상품이 만들어져서 창고에서 기다리고 있는데 팔리지 않기 시작하는 거지요. 그러면 회사는 상품을 만드는 데 들어간 비용을 회수하지 못해 어려워지고 그러다 보면 근로자들을 해고하게 됩니다. 이런 문제는 가정에서도 일어날 수 있어요. 부모님이 물건을 많이 사서 집에 보관했는데 나중에 필요 없어져서 버리게 되는 경우가 있잖아요? 그런 일이 되풀이되면 가정 경제에도 문제가 생기게 되지요.

그렇게 오랫동안 창고에 있던 상품이 다시 팔리기 시작하면 경제 호황이 오게 됩니다. 롤러코스터가 올라가는 것처럼 말이에요.

그럼 이번에는 두 번째 롤러코스터를 알아볼까요? 두 번째는 기

교과서에는

경기 변동 과정 중 저점에서 완전히 회복되지 못하고 다시 저점으로 연결되는 현상을 더블딥이라고 부릅니다.

재고

창고에 쌓여 있는 물건이라는 뜻으로 아직 팔리지 않은 물건을 의미합니다.

술 혁신에 의해서 경기 변동이 생기는 경우예요. 과거에 냉장고나 TV가 발명되었을 때 어땠을까요? 사람들이 앞다투어 냉장고를 사려고 했지요. 그에 따라 경제도 좋아졌고요. 이런 경우로 또 어떤 게 있을까요? 애플의 아이폰의 경우를 떠올려 볼까요? 뉴스에서 보니까 아이폰을 처음 파는 날 사람들이 먼저 사기 위해 밤을 새면서 판매점 앞에서 기다렸다고 해요. 그리고 옛날에는 김치 냉장고라는 게 없었는데 지금은 김치 냉장고가 없는 집이 거의 없잖아요. 이런 발명도 경제에 도움을 주었겠지요?

여러 가지 발명품이 개발되면 경제가 좋아져요. 반대로 발명이나 혁신이 없으면 경제가 나빠지게 되죠. 그러니까 경제가 발전하기 위해서는 기업가들의 노력도 많이 필요해요. 애플의 사장이었던 스티브 잡스 같은 사람이 많이 필요하다고 할 수 있어요. 한국도 경제가 발전하기 위해서는 여러 가지 노력이 필요하겠지만 훌륭한 기업가들이 있으면 경제가 발전하는 데 도움이 돼요.

마지막으로 세 번째 이야기를 해 볼까요. 이것도 발명과 관련이 있는데요. 한 상품의 발명이 아니라 혁신을 일으키는 발명에 의해서 경기 변동이 일어난다고 합니다. 대표적인 예가 철도와 전기라고 할 수 있어요. 철도는 단순한 교통수단을 넘어 도시와 도시 사이의 거리를 줄여 주었다는 데 의미가 있지요. 철도가 놓여 상품을 운송하기 쉬워지자 상품 거래도 늘어나게 되었습니다. 사람들이 관광을 다니기 시작한 것도 철도의 발명 이후라고 할 수 있어요. 철도로 인해서 관광 산업이 활성화된 것입니다.

전기도 마찬가지입니다. 전기를 사용하면서 전구가 발명되었고 전화도 할 수 있게 되었지요. 지금은 난방도 전기로 하죠. 모든 전자 제품에는 전기가 필요하고요. 이런 사회에서 전기가 없다면 어떻게 될까요? 냉장고나 세탁기, 핸드폰 등 생활에 필요한 물품을 거의 쓰지 못하겠지요? 생각만 해도 끔찍하네요. 전기가 경제 호황을 만들었다고 해도 될 정도로 전기는 참으로 대단하죠. 현대 경제가 있게 한 원천이라고도 할 수 있습니다.

최근에는 IT 혁명을 대발명으로 보기도 합니다. 인터넷, 초고속 통신, 컴퓨터, 스마트폰, 전산 시스템 등 IT 기술이 없으면 안 되는 일이 많잖아요. 그래서 앞서 이야기했던 스티브 잡스나 빌 게이츠 같은 사람들이 대단한 거죠.

정치도 불황의 이유가 될까?

이번에는 불황의 원인에 대해서 알아볼까요? 불황에 대해서는 많은 학자들이 여러 가지 원인을 들어 설명하고 있어요. 먼저 화폐 즉 돈에 문제가 생기면 불황이 오거나 호황이 온다고 생각하는 학자들이 있습니다. 이들에 의하면 화폐를 잘 관리하지 못하면 불황이 오고 잘 관리하면 호황이 온다고 해요. 예를 들어 볼까요?

정부에서는 사람들이 사용할 돈, 화폐를 발행해요. 그런데 갑자기 너무 많이 발행하면 어떻게 될까요? 초인플레이션이 오고 경제가 어려워지게 되겠죠. 반대로 시장에 물건이 많아졌는데 지불할 돈이 부족하면 어떻게 될까요? 경제가 제대로 돌아가지 않겠지요?

화폐를 중요하게 생각하는 학자들은 정부가 화폐 관리를 잘해야 한다고 주장해요. 필요할 때는 많이 공급하고 필요하지 않을 때는 조금만 공급하면서요. 화폐 관리를 잘하면 경제가 잘 돌아간다고 생각하지요. 여러분 부모님이 가계부를 쓰시는 것도 화폐 관리라고 할 수 있어요. 회사에서 돈을 관리하는 것을 재무 관리라고 하는데 회사 경영에서 중요한 부분 중의 하나예요. 재무 관리를 전문으로 하는 공인 회계사라는 전문가도 있거든요.

두 번째는 케인스가 주장한 내용으로 유효 수요가 부족하면 불황이 온다고 했어요. 사람들이 쓸 돈이 있어야 물건을 살 수 있고 물건을 사야 기업이 돌아가고 기업이 돌아가야 근로자를 고용하고 세금을 걷을 수 있어요. 반대로 쓸 돈이 없으면 물건이 안 팔리고 물건이 안 팔리면 기업이 어려워지며 기업이 어려워지면 근로자도 힘들어지고 결국 세금을 걷는 것도 어려워집니다. 이런 현상이 반복되면 경제가 좋아지기 어렵겠죠? 대공황도 이렇게 구매력이 있는 유효 수요가 부족했던 것이 그 원인이라는 것이죠. 이러한 설명은 앞에서 이야기했던 화폐가 중요하다고 생각하는 학자들과

유효 수요

실제로 물건을 살 수 있는 돈을 가지고 물건을 구매하려는 것으로 확실한 구매력이 있는 수요를 의미합니다. 반대로 구매력에 관계없이 물건을 갖고자 하는 욕망은 잠재적 수요라고 부릅니다.

미국에서 불어온 불황이
우리나라 경제에까지
영향을 끼치네.

는 반대되는 의견이죠. 이 두 가지 의견이 불황의 원인
에 대한 주요 주장이에요.

　그 외에 슘페터는 기술 혁신이 경기 변동의 중요한 원
인이라고 했어요. 그리고 다른 나라의 경제 상황이 한
나라의 경제를 좋게 하기도 하고 나쁘게 하기도 한다고
주장한 학자들도 있고요. 한국은 무역을 많이 하는 나라
이기 때문에 이런 설명도 맞는다고 할 수 있어요. 아무

리 경제를 잘 관리해도 다른 나라의 경제 사정이 좋지 않아서 수출이 되지 않으면 경제가 어려워지고 다른 나라의 경제가 좋아서 수출이 잘되면 경제도 좋아질 수 있기 때문이죠.

전에 어떤 한국인이 미국에 경제 위기가 오자 한국까지 어려워졌다고 쓴 걸 본 적이 있는데, 지금도 그런 영향이 있어요. 또한 앞에서도 설명했듯이 우리가 아무리 잘해도 세계적으로 석유 가격이 오르거나 밀가루 가격이 오르면 불황을 막기가 어려워요. 이런 부분도 이 주장을 뒷받침한다고 할 수 있어요.

마지막으로 정치도 원인이 될 수 있어요. 정치를 통해 나라에서 돈을 많이 쓸 수도 있고 적게 쓸 수도 있는데, 그에 따라 호황이 오기도 하고 불황이 오기도 합니다.

이처럼 불황은 하나의 원인 때문에 오지 않아요. 유효 수요가 부족해서 불황이 온다고 할때 그게 절대적인 것은 아니고요, 다만 가장 중요한 원인이라고 생각하는 거지요. 그리고 불황의 원인은 때에 따라 다를 수 있어요. 그래서 경제는 때, 즉 타이밍이 중요하다고 하지요.

나라에서 상품의 가격을 정하면 어떻게 될까?

옛날 로마에 디오클레티아누스라는 황제가 있었어요. 서기 284년부터 305년까지 황제로 있었지요. 부모님은 해방 노예였는데 그런 출생으로 로마의 황제까지 되었다니 대단한 사람이지요. 유일하게 스스로 퇴임한 황제이기도 하고요.

로마의 황제 디오클레티아누스

디오클레티아누스가 황제가 됐을 때 로마는 내전과 전쟁으로 인해 피폐할 대로 피폐해져 있었어요. 그러한 상황에서 황제가 된 디오클레티아누스는 군대와 화폐와 재정을 개혁했어요. 잃어버린 식민지도 다시 찾았고요. 행정을 개혁해서 로마의 번영을 불러온 것이지요.

당시 로마는 이전 황제들의 낭비와 오랜 전쟁으로 인해서 인플레이션이 심각했어요. 디오클레티아누스 황제는 로마의 경제를 살리고 로마 시민들을 돕고자 최고 가격제를 실시하도록 했어요. 최고 가격제란 물건 가격을 나라에서 정하고 그 이상 올리지 못하게 하는 것으로 밀, 보리, 채소, 과일, 생선, 의류, 기술자의 노임까지 1000개가 넘는 상품의 가격을 정했어요. 이를 지키지 않은 사람은 사형까지 시켰지요. 이렇게 하면 물가가 오르지 않고 경제가 좋아져서 로마인들의 삶이 윤택해질 거라고 생각했답니다.

처음에는 이런 방법이 효과가 있었지만 차츰 생각지 못했던 일이 벌어졌어요. 상인들이 이익이 남지 않으니 물건을 팔지 않게 된 거예요. 그러자 불법적인 암시장에서 거래가 이루어졌습니다. 황제는 이런 상인들을 나쁘다고 여겨 그들이 물건을 팔지 않는 것을 처벌하였고 심지어 상인을 그만두는 것도 처벌했어요. 디오클레티아누스 황제는 물건의 가격이 비싼 것이 상인들의 탐욕 때문이라고 생각했기 때문이에요. 그렇지만 이익이 나지 않는데 물건을 팔 사람은 없었고 결국 최고 가격제는 폐지되었습니다.

불황은 늘 있었나요?

과거에도 여러 차례 불황이 있었습니다. 그중에는 불황의 규모가 작아서 비교적 쉽게 해결된 적도 있었고 불황이 깊은 나머지 사람들이 엄청난 고통을 당한 적도 있었습니다. 이러한 선례를 통해 미래의 불황에 대비하는 방법을 생각해 보도록 해요.

수능과 유명 대학교의 논술 연계

2011 수능 경제 2번

검은 목요일이 몰고 온 대공황

불황이 왜 오는지, 이를 어떻게 극복해야 하는지에 대해서는 지금도 여러 의견들이 끊임없이 주장되고 있습니다. 오늘은 과거에 있었던 불황을 살펴보면서 문제를 해결하는 데 도움을 얻어 보기로 해요.

1929년 10월 24일 미국은 다른 날과 다름없는 목요일이었어요. 그러나 그날은 사람들에게 잊을 수 없는 날이 되었어요. 상상을 초월하는 수치로 갑자기 주식값이 떨어지기 시작했거든요. 사람들은 이날을 '검은 목요일'이라고 했고 그 뒤로 주식값이 폭락한 날 앞에는 '검은'이라는 말을 붙이게 되었어요.

'검은 목요일'은 사람들의 삶을 바꿔 놓았어요. 주식값이 폭락하자 사람들의 재산은 휴지가 되기 시작했지요. 이날에만 11명이 자살했다고 합니다. 사람들이 예금을 찾기 위해 은행으로 몰려가는 바람

미국 뉴욕에 있는 세계 최대 규모의 증권 거래소

파산
재산을 모두 잃고 망하는 것을
뜻합니다.

에 미국에서만 5000개의 은행이 <mark>파산</mark>했어요. 대공황이 온 것이지요.

그로 인해 전에는 없었던 현상들이 발생하기 시작했어요. 상점에는 팔리지 않은 물건들이 쌓여 있었지만 사람들은 그 물건을 살 돈이 없었어요. 반대로 상점 주인은 물건이 팔리지 않으니 망할 수밖에 없었고요.

공장도 마찬가지였어요. 물건이 팔리지 않으니 재고가 쌓여 갔고, 그에 따라 공장도 문을 닫을 수밖에 없었어요. 공장이 문을 닫으니 공장에서 일하던 근로자들이 모두 해고되었고, 그들이 부양하던 가족들의 생활 또한 급속도로 어려워졌지요. 창고에는 먹을 것이 썩어 가는데 사람들은 굶는 상황이 된 거예요. 누가 이런 일을 상상이나 했겠어요? 과거에는 먹을 것이 없어서 굶었는데, 먹을 것이 넘쳐 나는데도 굶는 상황이 오다니 말이에요. 최악의 불황이 온 거죠. 그래서 불황을 넘어 대공황이라고 부른답니다.

이런 현상은 미국에서만 그치지 않았습니다. 대공황은 전 세계로 퍼져 갔지요. 미국의 경제가 어려워지니 미국과 무역을 하는 나라들에까지 대공황의 파도가 밀어닥치기 시작했거든요. 전 세계가 대공황이라는 검은 구름 아래 놓이게 된 것입니다. 몇 가지 통계만 보아도 불황이 얼마나 심각했는지 알 수 있어요. 일례로 미국은 1930년에 300만 명이던 실업자가 1933년에는 1500만 명이 되었고, 세계

무역량은 70퍼센트가 줄었다고 합니다.

　그럼 왜 대공황이 왔을까요? 아직까지도 대공황의 원인에 대해서는 여러 가지 주장들이 있어요. 어느 것이 정답이라고 하기도 어렵고요. 그렇지만 분명한 것은 '보이지 않는 손'에 문제가 있었다는 것으로 여기엔 다른 의견이 없어요. '보이지 않는 손'이란 시장 경제는 수요와 공급에 의해서 자동으로 조절된다는 애덤 스미스의 이론을 가리키는 말입니다.

　대공황이 올 때까지 거의 모든 경제학자들은 이 이론을 진리라고 생각했어요. 그래서 대공황이 온 후에도 저절로 그 상태에서 벗어 나게 될 거라고 했지요. 물건값이 싸지면 잘 팔리게 될 것이고, 일자리가 부족하면 임금이 내려가도 근로자들이 일을 할 것이며, 이들에게 지급된 임금은 다시 물건을 사는 데 쓰이게 되어 자동으로 경제는 다시 호황이 될 거라고 말입니다.

그러나 그런 일은 일어나지 않았습니다. 날이 가고 해가 가도 불황은 끝없이 이어졌어요. 이때 케인스는 대공황의 원인을 다르게 생각했어요. 아무리 물건값이 싸도 싼 물건을 살 돈조차 없으면 물건은 팔리지 않는다고요. 구직자도 아무리 취업이 어려워도 낮은 임금을 받고 일할 수는 없다고 말이지요.

케인스 이전의 경제학자들은 실업자는 사실상 없다고 생각했어요. 수요와 공급에 의해서 자동으로 조절되기 때문이지요. 실업 상태에 있는 근로자들은 게을러서 일을 하지 않는 거라고요. 그러나 케인스는 근로자 본인이 원하지 않아도 실업자가 될 수 있고 일하고 싶어도 일하지 못하는 경우가 있다고 생각했습니다.

교과서에는

기업의 생산물에 대한 수요가 부족하여 경기가 침체될 때 발생하는 실업을 경기적 실업이라고 부릅니다. 경기적 실업은 전 산업에 걸쳐서 대규모로 발생하는 것이 특징입니다.

원인을 다르게 생각하니 해법도 달라졌지요. 유효 수요를 창출하도록 한 거예요. 정부가 돈을 찍어서 주는 것에 그치지 않고 도로를 닦고 댐을 건설하고 학교와 병원을 짓는 일을 시작한 겁니다. 그러면 그 일을 하기 위해 사람들을 고용하게 되고, 임금을 받은 근로자는 물건을 사며, 그 물건을 만들기 위해 공장이 재가동하는 것이지요. 경제의 좋은 순환입니다.

재미있는 것은 이런 정책을 처음 실시한 것이 독일의 독재자 히틀러였다는 사실입니다. 히틀러가 케인스의 이론을 공부한 것은 아니지만, 독일도 대공황 시기에 경제가 엄청 어려워지자 도로를 건설하고 경찰서와 교도소를 지었어요. 전쟁을 준비하기 위해 무기를 만들고 전투기 비행장을 만들었지요. 그러면서 독일 경제가 좋아지기 시작했어요. 역사의 아이러니라고 할 수 있습니다.

미국에서는 루스벨트 대통령이 '뉴딜 정책'을 통해 케인스의 이론을 실천에 옮겼습니다. 루스벨트 대통령은 많은 공공시설을 건설했고, 근로자들을 보호하기 위해 **노동조합**을 보호하는 법을 만들었어요. 그 전까지 근로자들은 힘이 없어서 낮은 임금을 받기 일쑤였거든요. 근로자들이 힘이 생기니까 임금을 많이 받게 되었고, 돈을 많이 받으니까 유효 수요도 창출되었습니다. 정부에서 많은 일을 하기 위해서 부자들에게서 세금도 더 많이 걷었지요.

> **노동조합**
> 노동자의 사회적·경제적 지위 향상을 목적으로 노동자가 조직한 단체입니다.

대공황은 경제에서 많은 것을 바꾸게 했어요. '보이지 않는 손'이 진리라는 생각은 사라지고 '정부의 보이는 손'이 필요하다는 생각을 가지게 되었어요. 정부가 경제에서 역할을 해야 한다는 뜻이지요. 그래서 지금의 경제를 수정 자본주의라고 합니다. 지금은 당연하게 생각하는 **누진세**, 사회 복지 제도, 노동조합, 중앙은행 등의 제도가 모두 대공황 이후에 만들어진 것들입니다. 케인스의 이론에 반대하는 학자들도 대공황 이전처럼 주장하지는 않아요. 대공황으로부터 얻은 교훈 때문이지요.

> **누진세**
> 소득 금액이 커짐에 따라 높은 세율이 적용되는 세금을 말합니다. 따라서 누진세를 적용할 경우 소득 재분배의 효과를 볼 수 있습니다. 우리나라에서는 소득세나 법인세 등에 누진세를 적용하고 있습니다.

테킬라 위기를 겪은 멕시코

대공황 이후 세계 경제는 1960년대까지 번영을 누렸어요. 케인스의 처방을 따른 덕분이었지요. 자본주의는 발전했고 근로자들의 삶의 질은 높아졌습니다. 1970년대에 스태그플레이션이 와서 케인스의 이론이 한계를 보이기도 했지만 이 문제도 해결이 되었고, 이제는 큰 불황은 오지 않을 것으로 생각했어요. 많은 경제학자들은 불황도 조절이 가능한 것으로 생각했지요.

사회주의에 대해서 들어 보았지요? 우리는 자본주의 국가에 살고 있고 자본주의는 시장 경제를 기본으로 합니다. 수요와 공급에 의해서 경제가 운용되는 것이지요. 그런데 사회주의는 수요와 공급이 아니라 나라가 계획한 대로 경제가 운용돼요. 중국과 러시아, 동유럽 국가, 베트남, 쿠바, 북한 등이 사회주의 나라였어요.

이 나라들은 1980년대 후반까지 사회주의 체제를 고수하며 자본주의 나라들과 대립하고 있었어요. 그런데 이들 나라 중 대부분이 1980년대 후반에 사회주의를 포기하고 자본주의 체제로 전환했지요. 이렇게 사회주의 나라가 사라지니까 기존의 자본주의 나라에서 유지했던 제도들이 조금씩 사라지기 시작했습니다. 누진세, 복지 제도, 노동조합, 국영 기업 등이 없어지거나 줄어든 것이죠. 더불어 옛날의 자본주의처럼 수요와 공급에 의해서 경제를 운용해야 한다는 목소리가 들렸습니다. 이런 주장을 신자유주의라고 합니다.

멕시코도 그 물결에 동참했는데 이러한 신자유주의 정책을 따르면서부터 문제가 심각해졌습니다. 멕시코는 오랫동안 독재자들이 다스리면서 경제에 문제가 많았습니다. 독재자들은 자신들의 잘못된 행동을 감추고 국민들을 달래기 위해 국민들에게 돈을 주기 시작했어요. 마냥 돈을 주는 과정에서 초인플레이션이 생기게 되었고 이 때문에 멕시코 사람들은 경제적으로 큰 고통을 받았어요. 더군다나 돈을 마련하기 위해 외국으로부터 엄청난 돈을 빌려 오다 보니 빚을 갚지 못하는 상황까지 발생했고요.

나라가 빚을 갚지 못할 수 있다는 것이 상상이 되나요? 나라가 빚을 갚지 못하면 어떻게 될까요? 제일 먼저 나라가 해야 할 일을 할 수 없게 됩니다. 도로와 다리를 놓는 공공사업이나 가난한 사람들을 돕는 복지 제도, 나라를 지키기 위한 군대의 유지조차 힘들게 되는 거지요. 한마디로 나라가 운영되지 않아 망하게 됩니다. 한국도 1997년에 IMF(국제 통화 기금) 구제 금융 사태를 맞이하면서 큰 어려움에 처했었지요.

멕시코에서는 1988년에 대통령이 된 살리나스가 외국으로부터 빌리는 돈을 줄이기 위해 노력했어요. 그 결과 빚은 줄고 신자유주의 제도가 도입되었지요. 국영 기업을 팔고 수입 제한도 없애는 등 제도 변화를 통해 외국으로부터 다시 돈을 빌릴 수 있게 되었고 투자도 받으면서 멕시코 경제는 다시 살아날 수 있었어요. 그러나 이런 조치들에는 문제가 있었답니다.

국영 기업
국가가 설립하여 관리, 경영하는 기업입니다.

'정부의 보이는 손'이 할 일을 하지 못하게 되면 어떻게 되는지 대

공황에서 배웠잖아요? 투자를 많이 받았다고 경제가 좋아지는 것은 아닙니다. 멕시코 경제가 좋으리라 생각하고 돈을 빌려 준 사람들이 1994년 12월에 돈을 갚으라고 압력을 넣기 시작했어요. 이를 테킬라 위기라고 합니다. 왜 테킬라 위기냐고요? 테킬라가 멕시코의 대표적인 술 이름이거든요.

위기가 왔지만 멕시코 정부의 관리들은 제대로 대처하지도 못했어요. 결국 미국이 500억 달러나 되는 큰돈을 멕시코에 지원해서 해결했지요. 더 큰 문제는 멕시코를 통해서도 사람들이 교훈을 얻지 못했다는 것이었습니다. 오히려 돈을 지원해 주면 문제가 쉽게 해결될 거라고 생각했어요. 모두가 옛 역사의 교훈을 잊어버린 결과였고 이 위기는 후에 더 큰 위기를 불러오게 됩니다.

일본에서 돈이 사라졌다고?

은행이 어떤 일을 하는 곳인지는 모두 알고 있지요? 은행은 사람들의 예금을 맡아 주거나 돈을 빌려 주는 일을 합니다. 돈을 빌려 준 후 빌려 준 돈에다 이자를 더해서 돌려받습니다. 빌려 준 돈의 일정 비율을 이자로 갚게 하는데, 이 비율을 이자율이라고 하고 이자율을 다른 말로 금리라고 합니다.

　정부는 돈 관리하는 것이 중요하다고 했죠? 정부가 돈을 관리할 때 쓰는 수단 중의 하나가 바로 금리입니다. 정부에도 은행이 있습니다. 은행 중의 은행이라고 할 수 있는 중앙은행이지요. 한국의 중앙은행은 한국은행이라고 하잖아요. 한국은행은 다른 은행에 돈을 빌려 주고 이자를 받는데, 그 이자를 정하는 이자율, 즉 한국은행의 금리가 다른 은행 금리의 기준이 되곤 합니다. 은행들이 한국은행에서 돈을 빌린 뒤 그 돈을 다시 다른 사

화폐 발권 기능을 가지고 있는 한국의 중앙은행입니다.

람들이나 회사에 빌려 주거든요. 그러면 이러한 금리가 어떻게 돈을 관리하는 수단이 되는지 간단히 살펴보겠습니다.

여러분의 부모님도 은행에 저축을 하실 겁니다. 부모님이 은행에 저축할 때는 이자율이 높은 은행을 찾아서 하겠죠? 왜 그럴까요? 나중에 더 많은 돈을 받을 수 있기 때문이죠. 그래서 정부는 시중에 돈이 너무 많다고 생각하면 이자율을 올립니다. 그러면 많은 사람들이 가지고 있는 돈을 은행에 저축하겠죠?

반대로 시중에 돈이 너무 적어서 경제가 좋지 않다고 생각하면 이자율을 낮춥니다. 이자율을 낮추면 사람들은 돈을 은행에 넣지 않고 물건을 사거나 다른 사업에 투자하게 돼요. 부모님이 주식에 투자할까 집을 살까 고민하는 것은 이런 경우에 해당하겠지요. 그래서 그 돈으로 주식 투자를 하거나 물건을 사면 기업들이 물건을 더 많이 만들면서 경제가 살아나게 됩니다.

일본도 이런 방법으로 경제를 잘 운영하고 있었어요. 그런데 갑자기 이런 방법이 통하지 않는 일이 발생했습니다. 경제가 좋지 않아서 금리를 내렸는데 사람들이 물건을 사지도 않고 투자도 하지 않게 된 거지요. 일본은 그 전까지 경제 호황을 누리다가 1991년부터 경제가 나빠지기 시작했어요. 그래서 일본의 중앙은행은 이자율을 내리기 시작했지요. 이자율을 내리면 경제가 다시 좋아질 거라고 생각한 겁니다.

그런데 이자율을 계속 내려도 경제는 좋아지지 않았고 이자율이 0퍼센트가 되는 상황에 이르렀습니다. 물론 경제는 좋아지지 않았

고요. 이자율이 0퍼센트가 되면 사람들이 은행에 돈을 맡기지 않아 시중에 돈이 넘쳐야 하는데 돈이 보이질 않았습니다. 아무도 이런 사실이 이해가 되지 않았어요. 이런 일이 무려 10년이나 계속되었지요. 그래서 일본 사람들은 이 기간을 잃어버린 10년이라고 합니다.

일본의 경제는 그 후에 어떻게 되었을까요? 2003년부터 경제가 좋아지기 시작했습니다. 미국과 중국으로의 수출이 늘어났기 때문인데요. 그렇지만 아직까지도 예전의 경제 호황은 찾지 못한 상황입니다.

이자율이 0퍼센트가 되면 어떻게 해야 할까요? 이 부분에 대해서 논란이 많아요. 좀 더 자세한 내용은 나중에 불황을 극복하는 방법에서 이야기하도록 하겠습니다.

한국의 IMF 구제 금융 사태

1997년에 한국에서 IMF 구제 금융 사태가 일어났습니다. 여러분에게는 너무 어린 시절의 일이라 모를지도 모르겠지만, 그 당시에 정말 많은 사람들이 힘들어했습니다. 그해에는 한국뿐만 아니라 아시아 여러 나라가 도미노처럼 불황을 겪었지요.

그 힘든 물결은 태국에서부터 시작되었습니다. 1997년 전까지 태국에는 많은 나라들이 투자를 했어요. 그러나 신중하지 않은 투자였기 때문에 회사들이 망하기 시작했고, 태국 정부는 위기를 극복하기 위해 노력했지만 소용이 없었습니다. 투자한 회사들은 투자금을 가지고 외국으로 나가려고 했고, 그러자 외환 보유고가 바닥나기 시작했지요. 외환 보유고란 한 나라가 가지고 있는 외국 돈의 양을 말해요. 주로 달러를 기준으로 하지요. 외환 보유고가 바닥난다는 것은 외국 물건을 살 수도 없고 외국으로부터 돈을 빌리기도 어렵다는 것을 의미합니다. 이러한 위기는 태국뿐만 아니라 인도네시아에도 닥쳤어요.

한국도 아시아 여러 나라에 닥친 불황의 위기를 피하지 못했고,

1997년 한국에 투자했던 많은 외국 금융 회사들이 돈을 찾아가기 시작했어요. 결국 외환 보유고가 바닥을 드러내게 되자 정부는 IMF, 즉 국제 통화 기금에서 돈을 빌리게 되었지요. 한국이 스스로 해결하지 못하고 국제기구의 도움을 받은 거예요. 그로 인해 수많은 회사가 망했고 많은 사람들이 직장을 잃어 가정이 어려워졌어요.

과거의 대공황과 비슷한 일이 한국에서도 일어난 거였어요. 왜 이런 일이 일어났을까요? 한국을 포함한 아시아의 나라들은 무엇을 잘못해서 그런 걸까요?

간단하게 말하자면 신뢰의 상실과 개방 때문이었습니다. 경제는 수요와 공급에 의해서 자동으로 잘 조절된다고 주장하는 경제학자들은 사람의 심리는 영향이 없다고 생각해요. 그렇지만 항상 그렇지는 않습니다. 예를 들어 여러분이 친구에게 돈이나 물건을 빌려 줬다고 가정해 보세요. 그 친구가 빌려 간 돈이나 물건을 제때 잘 돌려주면 문제가 없는데 어느 날부터 날짜를 잘 지키지 않는다거나 다른 친구들과의 약속도 잘 지키지 않는다는 이야기가 들리면 어떻게 하겠어요? 그 친구에게 돈을 빨리 돌려달라고 하겠지요.

이런 일은 한 나라에서도 발생해요. 은행에 돈을 예금했는데 그 은행이 회사를 잘 운영하지 못한다는 이야기가 들리면 어떻게 하겠어요? 당장 돈을 찾고 싶겠지요. 그런데 한두 명이 아니라 그 은행에 예금한 모든 사람들이 한꺼번에 돈을 찾으려 든다면 어떻게 될까요? 그런 현상을 **뱅크런**이라고 해요. 뱅크런이 발생하면 은행은 돈을 다 지급하지 못하고 망할 수밖에

뱅크런
돈을 찾으러 은행으로 달려간다는 뜻입니다.

없습니다. 신뢰 즉 믿음이 경제에 미치는 영향이 얼마나 큰지 알 수 있지요.

국가 간에도 마찬가지입니다. 태국이 안 좋으니까 주변국까지 신뢰 관계가 깨지면서 불황이라는 전염병이 여러 나라로 퍼졌어요. 그렇게 빨리 퍼질 수 있었던 건 개방화, 세계화 때문이에요. 여러 나라의 경제가 개방되어 있다 보니까 문제도 쉽게 다른 나라에 전파된 것이지요.

한국은 IMF 구제 금융 사태를 극복하기 위해 국민들이 금을 모으고 고통스러운 **구조조정**을 통해 위기를 극복했어요. 그런데 당시 급한 위기는 넘겼지만 시장 경제가 가지고 있는 본질적인 문제들은 고쳐지지 않았답니다.

구조조정
기업의 불합리한 구조를 개편하여 효율성을 높이는 일을 의미합니다.

경제 박사도 막지 못한 국제 금융 위기

아시아의 경제 위기가 지나가고 미국은 신경제라는 이름 아래 경제가 발전하기 시작했어요. 문제는 과거의 경험을 교훈 삼지 않았다는 겁니다. 경제가 좋아지니까 과거의 문제는 바로 잊어버렸지요. 문제는 계속 남아 있었는데 말이에요. 결국 2008년부터 경제 위기가 시작됐습니다. 왜 이런 문제가 발생한 걸까요?

미국은 세계 1위의 경제 대국으로 다른 나라의 경제에 미치는 영향도 큽니다. 다른 산업도 발달했지만 특히 금융 산업이 최고로 발달한 나라이지요. 금융 산업이란 쉽게 이야기하면 돈과 관련된 산업이에요. 돈을 빌리거나 빌려 주는 산업 즉 은행, 증권 회사, 보험 회사, 카드 회사, 투자 회사 등이 여기에 해당합니다. 미국 뉴욕에 가면 월스트리트라는 거리가 있어요. 세계 최고의 금융 회사들이 있고 엄청난 액수의 돈이 왔다 갔다 하는 금융의 중심지이지요. 바로 그곳에서 문제가 일어나기 시작했습니다.

2000년대 들어서 미국 경제가 좋아지니까 사람들이

교과서에는
주택이나 자동차 같은 고가품은 대출을 받거나 할부로 구입하는 경우가 많은데 이때 이자 비용의 크기가 의사 결정에 매우 중요한 요인이 됩니다. 이자율이 내려가면 가계의 소비는 늘고 저축은 줄어드는 것이 일반적입니다.

집을 사기 시작했어요. 미국에서는 집을 살 때 보통 자신의 돈을 모아서 사지 않아요. 모기지라는 제도를 통해서 집을 사는데 이 제도는 집을 살 때 은행에서 돈을 빌려 주는 제도입니다. 이때 은행은 집을 담보로 잡고 돈을 빌려 주게 돼요. 담보란 돈을 빌린 사람이 돈을 갚지 못할 때를 대비해 물건 등을 제공하는 것입니다. 여기서는 빌린 돈을 갚지 못하면 은행에 돈 대신 집을 내주게 되는 것이지요.

여러 금융 회사들이 모기지를 통해서 사람들에게 돈을 빌려 주었고, 사람들은 목돈이 없어도 집을 사게 돼서 좋아했어요. 이때 금융 회사들은 돈을 빌려 가는 사람이 나중에 돈을 갚을 수 있을지 조사합니다. 보통 신용 조사를 한다고 하지요. 그런데 미국 경제가 좋고 사람들이 돈을 잘 벌자 금융 회사들이 이런 조사를 하는 것을 게을리하기 시작했어요. 여러분도 어른이 되면 잘 알게 되겠지만 시장 경제에서는 신용이 굉장히 중요해요. 신용이 좋으면 돈을 빌리기 쉽거든요. 예를 들어 여러분이 친구에게 돈을 빌려 줬는데 그 친구가 제때 잘 갚으면 다음에 또 빌려 주겠죠. 반대로 어떤 친구가 돈을 빌려 가더니 잘 갚지 않는다면 다음에는 안 빌려 주겠죠?

하지만 당시 은행들은 신용이 좋지 않은 사람들에게도 돈을 빌려 줘서 집을 사게 했어요. 사람들은 이자만 내면 집을 살 수 있으니까 돈을 빌려서 집을 사기 시작했습니다. 이렇게 너도 나도 집을 사니까 집값이 오르기 시작했어요. 수요가 많으니까요. 그리고 집값이 올라가니 사람들은 집값이 더 오르기 전에 더 사려고 들었고요. 집을 사면 큰돈을 벌 수 있었기 때문에 사람들은 빚을 내서라도 집을 샀지요. 모두가 부자가 될 줄 알았던 겁니다.

신용이 좋지 않은 사람들에게 돈을 빌려 주는 모기지를 서브 프라임 모기지라고 해요. 그래서 국제 금융 위기의 시작을 서브 프라임 모기지 사태라고 합니다.

이렇게 모두가 부자가 되고 있었는데 왜 서브 프라임 모기지 사태가 발생했을까요? 간단하게 이야기하면 사람들의 욕심과 자만심 때문입니다. 욕심부터 이야기해 볼까요. 사람들은 누구나 욕심이 있어요. 욕심을 조절해야 하는데 조절하지 못한 거지요. 돈을 잘 버니

까 조심성이 적어졌어요. 금융 회사들은 스스로 잘 조절할 수 있다고 생각했어요. 정부도 겉으로 보기에 별 문제가 없어 보이니까 이런 사태에 큰 신경을 쓰지 않았어요. 시장에서 잘 해결될 거라고 생각했던 겁니다.

그런데 잘나가던 경제가 2008년부터 문제가 생기기 시작했어요. 금융 회사들이 집을 담보로 돈을 빌려 줬다고 했지요? 이 경우 집값이 계속 오르면 문제가 없어요. 왜냐하면 빌린 돈을 갚지 못하게 될 경우 집을 팔면 되니까요. 문제는 집값이 떨어지기 시작했다는 사실입니다. 그것도 갑자기 엄청나게 떨어지기 시작한 거예요. 게다가 경제 사정도 안 좋아졌고요. 이런 일이 겹치니까 집을 담보로 돈을 빌린 사람들이 돈을 갚지 못하기 시작했어요. 돈이 없으니까 집을 팔아서 빚을 갚아야 하는데 집값이 너무 싸져서 집을 팔아도 갚지 못하는 상황이 되었어요. 더 큰 문제는 집이 팔리지도 않는다는 것이었어요. 이런 상황이 지속되니까 금융 회사들이 망하기 시작했습니다.

월스트리트의 금융인들은 빚을 못 돌려받을 때를 대비해서 보험을 들어 놓았습니다. 돈을 받지 못하는 일이 많지 않으면 보험으로 해결이 되는데, 빚을 갚지 못하는 경우가 너무 많아지니까 보험 회사는 보험금을 지급하는 데 한계가 오고 말았습니다. 그래서 보험 회사도 덩달아 망하기 시작했지요.

미국의 보험 회사가 망하고 금융 회사 즉 은행과 증권 회사가 망하기 시작했어요. 그러자 사람들은 자신의 돈을 찾기 위해 은행으로 몰려갔고 뱅크런이 시작되었어요. 금융 시스템이 마비되기 시작한 것이죠. 더 큰 문제는, 미국 금융 회사들이 모기지를 통해 만든 수많은 금융 상품을 미국의 다른 회사들이나 다른 나라들이 많이 샀다는 거예요. 그래서 세계 최대의 자동차 회사인 GM도 자동차가 안 팔려서 망한 것이 아니라 금융 상품을 잘못 사서 망했어요.

한국 경제도 서브 프라임 모기지 사태의 영향을 받았어요. 회사들이 망하고 실업자가 늘면서 가정 경제가 어려워졌어요. 금융 위기는 한국뿐만 아니라 유럽 등 전 세계로 전염병처럼 확대되었습니다. 이는 세계 시장이 개방되면서 벌어진 일이었어요. 많은 경제학자들은 시장이 개방되면 무조건 좋다고 생각했지만 이렇게 한 나라의 문제가 세계적인 문제가 될 수 있다는 나쁜 점이 있어요.

여기서 중요한 것은 세계를 경제 위기로 몰고 간 모기지 금융 상품이 이런 결과를 만들 수 있다는 생각을 상품을 만든 사람들조차 하지 못했다는 것입니다. 정부도 이런 일이 일어나지 않도록 관리했어야 했는데 방치했고요. 월스트리트에는 경제 전문가가 수천 명이나 일하고 있지만 그 누구도 국제 금융 위기를 막지 못했어요. 미국을 포함한 많은 나라들이 금융 위기에서 벗어나기 위해 노력했고 엄청나게 많은 돈이 들어갔습니다. 2008년의 국제 금융 위기는 지금도 끝나지 않고 진행 중입니다.

경제도 선생님이 필요해

애덤 스미스가 '보이지 않는 손'을 주장한 이래로 시장 경제를 신봉하는 사람들은 정부가 시장에 간섭해서는 안 된다고 주장했습니다. 시장은 수요와 공급에 의해서 잘 돌아가고 사람들은 합리적으로 판단해서 행동하니 내버려 두어야 한다고요. 하지만 정말 그럴까요?

애덤 스미스

학교에서 수업 시간에 떠들면 안 된다는 것은 알고 있지요? 그래도 친구와 장난을 치곤 하지요. 불량 식품을 먹으면 몸에 해롭다는 걸 알지만 사 먹기도 하고요. 성적을 올리려면 공부해야 한다는 것을 알지만 게임을 하느라 못하기도 합니다.

사람들이 항상 합리적으로 생각하고 선택을 하나요? 생각하지 않고 행동하는 경우도 많지 않나요? 경제적인 선택도 마찬가지입니다. 1978년 노벨 경제학상을 받은 허버트 사이먼도 사람은 그리 합리적이지 않고 능력에는 한계가 있다고 했어요. 세상은 너무나 복잡한데 사람의 능력은 한계가 있다고요. 정보가 아무리 많다고 해도 마찬가지입니다. 뉴스나 인터넷 등의 매체를 통해 수많은 정보를 얻을 수 있지만 우리가 정확하게 판단하지는 못하잖아요.

그래서 시장도 관리하고 감시해 줄 정부가 필요한 것입니다. 시장을 중요하게 생각하는 사람들은 정부는 더 믿을 수 없다고 해요. 하지만 정부가 필요하다고 말할 때 정부가 시장보다 더 똑똑해서 조절을 할 수 있다는 뜻은 아니에요. 정부도 틀릴 때가 있지만, 정부가 시장에 개입하면 시장이 잘못된 행동을 하는 것을 방지할 수 있다는 것입니다.

불황은 어떻게 극복해야 하나요?

불황을 설명하는 경제 이론과 원인에 대해 알아보았지요? 그렇다면 이제는 이러한 불황을 이겨 내기 위한 구체적인 방법을 생각해 볼까요? 경제 불황의 원인과 대책을 생각하며 경제 전반의 문제들을 함께 살펴봅시다.

수능과 유명 대학교의 논술 연계

2012년 9월 모의평가 1번

불황을 해결하는 두 가지 수단

2008년에 있었던 국제 금융 위기는 전 세계 나라들의 엄청난 노력으로 급한 위기는 넘길 수 있었습니다. 그렇지만 미국에선 세계적인 금융 회사였던 리먼 브라더스를 포함해 수많은 금융 회사가 문을 닫았어요. 금융 회사가 망하니까 그곳에서 돈을 빌렸던 수많은 회사들도 문을 닫았고요. 회사가 문을 닫으니 일하던 근로자들도 직장을 잃었지요. 이렇게 불황은 한 국가와 사회, 가정에 엄청난 영향을 미칩니다. 망한 금융 회사와 기업들을 살리기 위해 국가 차원에서 엄청난 액수의 돈이 들어갔고요. 이는 한국이나 유럽도 마찬가지였지요. 이런 노력들을 통해 위기는 지나가는 듯했지만 유럽에서 또 다른 문제가 발생하기 시작했어요. 금융 위기의 영향으로 유럽의 몇 나라가 생각지 못했던 불황을 겪기 시작한 겁니다.

이를 살펴보기 전에 먼저 유럽의 특수한 상황에 대해 간단하게 설명할게요. 유럽에는 여러 나라가 있지만 경제는 하나라고 생각하면 됩니다. 같은 화폐를 사용하고 있기 때문이지요. '유로'라는 화폐 이름을 들어 보았나요? 유럽의 많은 나라들은 유로라는 돈을 사용해요. 유럽은 수십 년 동안 하나의 나라가 되고자 노력했습니다. 그 노력의 결실로 유로가 탄생했어요. 같은 돈을 사용하게 되면 다른 나라에 갈 때 돈을 바꿀 필요가 없어요. 유로를 사용하는 나라들은 그렇게 하고 있으니 굉장히 편하겠죠?

> **유로**
> 유럽 연합의 법정 화폐 명칭입니다. 1995년 12월에 개최된 마드리드 정상 회담에서 2002년까지 통화 단일화를 완료하기로 결정해 지금까지 쓰이고 있습니다.

물론 단점도 있어요. 유로를 사용하는 나라들 중 부자 나라들은 괜찮았는데 가난한 나라들에서 물건값이 비싸지기 시작한 겁니다. 부자 나라나 가난한 나라나 똑같은 돈을 사용하니까 같은 물건은 값이 비슷해졌어요. 예전 같으면 가난한 나라의 경우 자기 나라의 돈을 사용하니까 물건값을 싸게 할 수 있었는데 이제 그렇게 하지 못하게 된 것이죠.

이렇게 생각지 못했던 문제가 발생하니까 가난한 나라인 그리스부터 불황이 오기 시작했어요. 그리스 사람들은 실업으로 고통 받았고 나라는 돈이 없어서 다른 나라에서 빌린 돈을 갚지 못하게 되었어요. 현재까지도 그리스는 굉장히 어려운 상황입니다. 이렇게 그리스가 어려워지자 포르투갈, 에스파냐, 이탈리아까지 불황이 닥치기 시작했어요. 유럽은 사실상 하나의 경제로 연결되어 있어서 경제 전염병이 쉽게 퍼졌지요. 앞에서도 말한 적이 있지만, 경제가 폐쇄되

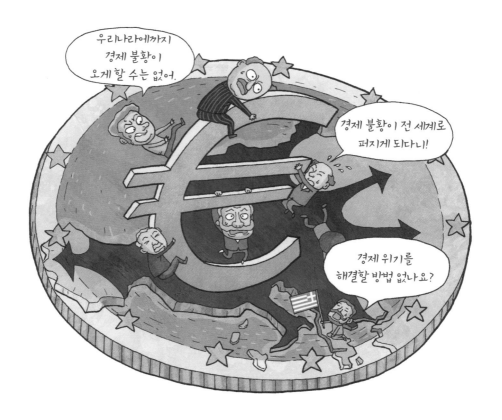

어 있어도 단점이 있지만 너무 많이 개방되어 있으면 다른 나라의 위기가 쉽게 전파됩니다. 이런 이유로 유럽의 위기는 전 세계로 확대되기 시작했고 현재도 위기가 모두 해결되지 않고 있는 상황입니다.

현재 상황이 이렇다면 경제 불황과 경제 위기는 어떻게 극복해야 할까요? 많은 경제학자들과 정치인들이 불황을 극복하기 위해 노력해 왔어요. 불황을 해결하는 방법은 크게 두 가지로, 돈을 쓰는 방법과 돈을 잘 관리하는 방법이 있습니다. 돈을 쓰는 방법을 재정 정책이라고 하고 돈을 잘 관리하는 방법은 금융 정책이라고 하지요.

먼저 재정 정책에 대해 알아볼게요. 재정 정책은 정부가 돈을 쓰는 것으로 케인스가 처음 만든 이론에 근거하고 있습니다. 케인스는 정부가 나서서 경제를 살리기 위해 돈을 써야 한다고 했어요. 유효 수요를 창출하기 위해서이지요. 미국의 루스벨트 대통령은 케인스의 이론을 받아들여 테네시 강을 개발하는 등 여러 가지 국가적인 사업을 벌이며 경제를 살리기 위해 노력했습니다. 독일의 독재자 히틀러도 이런 방법으로 제1차 세계 대전으로 폐허가 된 독일의 경제를 살렸지요. 속도 무제한 고속 도로로 유명한 아우토반도 히틀러가 만들었답니다.

지금은 거의 모든 나라가 재정 정책을 사용합니다. 재정 정책을 통해 다리와 도로를 건설하고 공항이나 항구도 만들지요. 이런 시설을 만드는 회사가 활성화되면 고용되는 근로자 수가 많아지며 가정 경제도 좋아지지요. 근로자는 풍족해진 가정 경제를 바탕으로 물건을 소비하게 되고 그에 따라 경제가 살아나는 선순환 구조가 되는 것입니다. 정부가 돈을 쓰는 곳이 또 어디일까요? 여러분이 다니는 학교를 짓는 것도 해당되겠네요. 이런 것들이 재정 정책에 포함된다고 할 수 있습니다.

사람들이 병원에서 치료받고 진료비를 낼 때는 개인이 100퍼센트를 다 내지 않고 일부는 건강 보험 공단에서 부담합니다. 한국에는 4대 보험이 있는데 일하다 다치거나 병이 나면 보상을 해 주는 산재 보험, 일하다 해고되면 실업 급여를 주는 고용 보험, 나이가 들어서 일할 수 없게 되면 주는 국민연금, 그리고 앞에서 말한 건강 보험이 있습니다. 4대 보험은 복지를 위해서도 필요하지만 경제를 살리는 역할도 합니다.

일하다 해고되거나 병이 나서 일할 수 없으면 소득이 없겠죠? 소득이 없으면 소비를 못하고 소비가 되지 않으면 회사가 물건을 만들 수 없지요. 이런 순환이 많아지면 경제도 어려워져요. 그런데 4대 보험 같은 보험이 있으면 사람들이 어려움에 처했을 때 소득이 없어지는 걸 방지해 불황이 심해지는 것도 막을 수 있습니다.

다음에는 돈 관리를 하는 금융 정책에 대해 이야기해 볼게요. 돈을 쓰면 경제가 살아난다는 이야기는 복잡한 경제 이론을 동원하지 않더라도 쉽게 이해가 될 거예요. 그런데 돈만 잘 관리해도 경제가 좋아진다는 이야기는 이해가 되나요? 앞에서 금리에 대해서 간단하게 설명했는데요, 이자율에 따라 사람들의 경제 행동이 달라지지요. 먼저 이자율이 높아지면 어떻게 된다고 했지요? 사람들은 자신이 가지고 있는 돈을 은행에 예금해요. 회사도 마찬가지예요. 새로운 사업에 돈을 쓰기보다 은행에 예금해서 이자를 받으려 할 거예요. 이자율이 높으면 예금만 해도 돈을 쉽게 벌 수 있잖아요.

반대로 이자율이 낮아지면 어떻게 될까요? 사람들이 예금을 잘 안 하겠죠. 더 나아가 인플레이션이 있을 때는 어떨까요? 이때는 돈을 빌려 준 사람이 손해잖아요. 은행에 예금한다는 것은 은행에 돈을 빌려 준 것과 같아요. 예를 들어 예금 이자율이 3퍼센트인데 물가가 5퍼센트 오르면 어떨까요? 이런 경우 이자를 받아도 사실상 2퍼센트가 손해잖아요. 그래서 이자율이 낮으면 은행에 예금을 안 하게 되지요.

금융 정책이란 금리의 이러한 성격을 이용하는 겁니다. 경제가 불황이면 이자율을 낮추는 거예요. 이자율을 낮추면 은행에 예금하지 않고 소비를 하거나 투자를 하게 돼요. 그러면 물건이 팔리고 회사가 돌아가서 경제가 살아나는 거죠. 금융 정책은 경제가 호황이라서 인플레이션이 심해질 때도 사용할 수 있다는 장점이 있어요. 이자율을 올리면 사람들이 돈을 은행에 맡기게 되니까 물건이 덜 팔리고, 그러면 물가도 내려가고 시중의 돈도 줄어들어 인플레이션도 꺾이는 것이지요. 이렇게 돈만 잘 관리해도 불황을 이겨 낼 수 있습니다.

여러분이 재정 정책과 금융 정책만 알아도 신문이나 뉴스의 경제 기사를 볼 때 큰 도움이 됩니다. 경제가 어떻게 돌아가고 있고 정부가 어떤 일을 하고 있는지 알 수 있거든요. 여기까지 배웠다면 재정 정책과 금융 정책을 모두 한꺼번에 쓰면 경제가 더 좋아지겠다고 생각하는 사람도 있을 거예요. 그런데 실제로는 그렇지 않습니다. 그래서 재정 정책을 더 해야 한다는 의견과 금융 정책을 더 해야 한다는 의견의 대립이 지난 수십 년 동안 계속되었고 지금도 이어지고 있어요.

정부는 필요악일까?

이번에는 불황을 해결하는 방법에 대한 두 가지 주장에 대해 알아보기로 해요. 불황을 극복하기 위해 어떻게 해야 하는지에 대해서는 오래전부터 논란이 있었어요. 그 시작은 대공황 때부터입니다. 대공황이 있기 전에는 거의 모든 경제학자들이 시장 경제는 그냥 내버려 두어도 잘 흘러간다고 생각했지요. 그래서 대공황이 왔을 때 아무것도 하지 않았는데 경제는 좋아지지 않았지요. 이때 케인스가 불황을 극복하기 위해 정부가 나서야 한다고 주장했고, 그의 해결 방법을 따름으로써 대공황을 극복할 수 있었지요.

하지만 케인스의 주장에 반대하는 경제학자들도 많습니다. 그 경제학자들은 케인스의 이론 덕분에 대공황에서 벗어날 수 있었다고 생각하지 않거든요. 다만 이들도 옛날처럼 무조건 가만히 있다 보면 불황이 극복된다고 주장하지는 않아요. 대신 이제는 정부가 재정 정책을 해야 된다거나 금융 정책만 해야 한다고 주장하지요.

보통 케인스 교수의 주장을 따르는 사람들은 주로 재정 정책을 해야 한다고 생각해요. 정부가 돈을 써서 나라에 필요한 건물을 짓고 어려운 사람들에게 복지 혜택을 주면 단순히 건물이 생기고 복지만 되는 것이 아니라 경제도 살아난다고 생각하는 거죠.

사람들에게 혜택을 주고 경제도 살리는 재정 정책의 일석이조의 효과는 1960년대까지 유효했어요. 그런데 1970년대에 스태그플레이션이 발생하면서 케인스의 주장이 흔들리기 시작했습니다. 경제

가 어려워서 재정 정책을 썼더니 물가만 오르는 상황이 되었거든요.
그렇게 되자 금융 정책이 중요하다고 주장하는 경제학자들이 나타
났어요.

　금융 정책이 중요하다고 주장하는 경제학자들은 기본적으로 시
장의 기능을 믿는 사람들입니다. 불황이 오더라도 시장에 의해서 자
동적으로 극복될 거라고 생각하는 거죠. 다만 대공황의 교훈으로 돈
관리를 잘해야 한다고 생각해요. 그래서 지금도 정부는 경제가 나쁘
면 금리를 내려서 경제가 활발하게 돌아가게 하고, 경제가 상승세를
타서 물가가 올라가려고 하면 금리를 올려서 경제가 제자리를 찾게

하려고 하지요.

재정 정책과 금융 정책 중 어느 것이 정답이라고 말할 수는 없습니다. 다만 금융 정책만으로는 불황을 극복하는 데 한계가 있어서 재정 정책이 필요하다고 주장하는 거지요. 여러분도 용돈을 써야 할지 저축만 하면 될지 고민될 때가 있지요? 저축만 하면 좋을 것 같지만 필요한 학용품이나 꼭 봐야 하는 책을 사지 않으면 오히려 손해일 수가 있잖아요. 그러니 상황에 맞게 용돈을 사용할 수 있도록 고민해야 하는 것과 비슷하다고 생각하면 됩니다.

정부는 어떻게 돈을 써야 할까?

2008년에 시작된 경제 위기는 여러 나라의 노력으로 최악의 상황에서 벗어났지만 유럽의 위기가 겹치면서 현재는 불안한 상태에 있어요. 앞에서 불황에 재정 정책을 해야 하는지 금융 정책을 해야 하는지에 대해 알아보았는데, 최근에는 정부가 돈을 많이 써야 하는지 아니면 많이 쓰지 말아야 하는지에 대해 논란이 많아요. 이번에는 이 부분에 대해 이야기 해 보겠습니다.

돈을 써서 경제를 살리는 재정 정책을 펴려면 당연히 돈이 있어야 합니다. 나라에서 쓰는 돈은 기본적으로 국민에게서 걷은 세금으로 마련합니다. 그런데 재정 정책을 하기 위해서는 세금만으로는 부족해요. 그래서 나라도 돈을 빌리는데, 돈을 빌리면 이자를 주어야 하지요. 빚이 많아지다 보면 나라도 빚을 갚지 못할 수 있고 심한 경우에는 경제가 파탄 나게 됩니다. 앞에서 설명했던 그리스도 나라가 빚을 갚지 못하는 상황까지 갔거든요. 그래서 정부가 돈을 많이 써서는 안 되고 빚을 줄여야 한다는 주장이 있어요.

먼저 빚을 줄여야 한다고 주장하는 사람들은 빚이 많으면 언젠가 나라 살림에 문제가 생길 수 있고, 국민과 기업이 정부에만 의지해 제대로 일하지 않는다고 생각합니다. 나라가 알아서 다 해 주면 사람들이 게으름을 피우고 일하려 들지 않아서 결국 경제가 좋은 방향으로 가지 않을 거라는 거죠. 그 말이 맞다고 생각할 수도 있지만, 지금은 불황이 심하기 때문에 돈을 쓰지 않으면 경제가 더 어려워질 거라고도 생각할 수도 있어요. 불황이라 사람들이나 기업이 돈을 쓰지 못하고 있는데 정부조차 돈을 쓰지 않으면 경제가 더 어려워질 수 있거든요. 그리고 빚을 내서 재정 정책을 펴면 경제가 살아나게 되고 그에 따라 세금을 더 걷을 수 있게 되면 정부의 재정도 좋아질 겁니다. 소득의 10퍼센트를 세금으로 낸다고 했을 때 소득이 많아지면 세금이 그만큼 늘어나기 때문이지요.

이처럼 때에 따라 정부도 과감하게 돈을 써야 하지만 그렇다고 무조건 돈을 쓰라고 하는 건 아니에요. 써야 할 때는 써야 한다는 거죠. 사람들이 정부에만 기댈 거라고 생각하는데, 경제가 너무 어려워지면 사람들이 자포자기하는 경우도 생길 수 있으니 정부가 자립할 수 있게 도와주면 좋겠지요.

불황과의 한판 승부

소련을 포함한 공산주의 나라들이 1989년에 없어지면서 대부분의 나라들은 시장 경제를 살리는 방향으로 경제 정책을 취하기 시작했습니다. 대표적으로 시장을 규제하는 제도를 없앤 것이지요. 특히 금융 회사에 대한 규제가 사라지면서 금융 회사들은 자신들이 만들고 싶은 금융 상품을 마음껏 만들어 팔기 시작했어요. 처음에는 금융 회사들이 돈을 잘 벌게 되어 좋은 듯 보였지만 결국 2008년에 국제 금융 위기가 왔습니다.

국제 금융 위기는 금융 회사들이 마음대로 금융 상품을 만들어서 판 게 가장 큰 원인이었습니다. 빚을 갚기 어려운 사람들에게도 돈을 빌려 준 것이지요. 한국에서도 과거에 돈을 갚을 능력과 상관없이 신용 카드를 발급해서 문제가 되기도 했지요. 시장 경제를 중시하는 경제학자들은 사람들이 신용 카드를 만들더라도 카드의 사용 한도 내에서 쓸 거라고 했지만, 많은 사람들이 자신의 경제적 능력을 생각하지 않고 사용하다가 신용 불량자가 되었어요.

카드 상품만 많이 팔면 된다고 생각했던 카드 회사들은 경제적 능력이 안 되는 사람들에게 빌려 준 돈을 받지 못해 사정이 어려워졌습니다. 많은 세금이 이러한 카드 회사를 살리는 데 들어갔고, 수많은 사람들이 신용 불량자가 되어 고통 받았습니다. 결국 금융 회사들이 함부로 돈을 빌리거나 빌려 주지 못하도록 감시하는 규율이 필요해진 거죠.

> **신용 불량자**
> 현재는 금융 채무 불이행자라고 해요.

대표적으로 금융 회사에 대해서만 이야기했지만 다른 회사들에도 최소한의 규칙이 필요합니다. 시장에 모든 것을 맡겨 놓으면 약육강식의 시장이 되거든요. 무한 경쟁이 좋을 것 같지만 잘못된 경쟁은 오히려 경제를 나쁘게 해요. 자기만 이익을 보면 된다는 생각으로 이기적인 강자 체제가 이루어져서 소수만 경제적 이득을 얻고, 나머지 사람들은 심한 타격을 입고 경제도 어려워지거든요. 소수만 이득을 보는 경제는 결국 전체 경제를 나빠지게 하기 때문에 경제를 살리기 위해서도 최소한의 공정한 규칙을 정해서 정부가 감시해야 합니다.

대공황을 극복한 후 1960년까지 경제가 좋았던 이유 중에는 불평등이 심하지 않았다는 점도 있습니다. 부자가 많으면 경제가 좋을 것 같지만 실상은 그렇지 않거든요. 부자들의 수는 한정되어 있는데 그들을 위한 소비 경제 시장만 활성화된다면 나머지 시장은 침체되겠지요.

그래서 중간 정도의 소득이 있는 중산층이 많아야 경제가 좋아질 수 있습니다. 미국의 경우 1960년대까지는 중산층이 많았습니다. 그런데 그 뒤 점점 중산층이 줄고 부자와 가난한 사람만 많이 늘었어요. 이러한 양극화 현상이 심해지면서 불황이 오게 되었지요. 한국도 IMF 구제 금융 사태 전까지 중산층이 많았지만, IMF 구제 금융 사태 후에 중산층이 줄어들면서 경제의 활력이 많이 사라졌습니다.

그렇다면 중산층을 늘리기 위해서는 어떻게 해야 할까요? 좋은 일자리를 많이 만들고 복지를 늘려야 합니다. 좋은 일자리는 적절한 소득이 있고 안정적인 직장을 말해요. 직장이 안정적이어야 사람들이 편안히 경제 활동을 할 수 있습니다. 그리고 사람들이 안정적으로 생활할 수 있도록 복지를 늘려야 하지요.

복지를 늘리는 것에 반대하는 사람들이 있습니다. 복지를 늘리면 사람들이 복지에만 의지하게 되고 열심히 일하지 않는다는 것이죠. 그러나 복지는 단순히 정부가 돈을 주는 것이 아니라 소득이 없거나 아플 때 생활할 수 있는 생활비를 주는 것이고, 그 혜택을 받은 사람들이 소비를 하게 되면 경제에도 도움이 될 수 있습니다.

　과거 미국의 경우 부자들이 세금을 엄청나게 많이 냈어요. 최고로 소득의 90퍼센트까지 냈지요. 그런데 지금은 그 반도 안 내요. 부자는 아무리 소비를 많이 한다고 해도 한계가 있어요. 돈을 금고와 은행에 쌓아 놓을 뿐이죠. 금고에 있는 돈은 경제에 도움이 되지 않습니다. 부자가 세금을 많이 내서 복지에 사용하면 불평등을 해결하는 데도 도움이 되고 경제에도 도움이 될 수 있지요. 결국 중산층을 늘리고 복지를 늘리는 것이 불황을 극복하고 경제를 살리는 방법이라고 할 수 있습니다.

인플레이션을 두려워하지 말자

정부가 돈을 많이 쓰면 빚이 늘어나는 것 외에도 인플레이션이 될 수 있다는 얘기를 했죠? 시장에 돈이 많아지니까 인플레이션이 될 가능성도 커지는 것입니다. 적절한 인플레이션은 경제가 잘 돌아가고 있다는 증거가 되니 괜찮지만 초인플레이션이 되면 큰일이잖아요.

그러면 지금의 물가 상승률은 어떨까요? 세계적으로 높지 않은 편으로 미국도 1~2퍼센트 정도입니다. 지금은 인플레이션을 걱정할 때가 아니라 디플레이션을 걱정해야 할 때라고 할 수 있어요. 미국을 포함한 세계의 여러 나라들은 금리가 0퍼센트이거나 0퍼센트에 가까워서 금리를 낮추는 것만으로는 경제를 활성화하기 어렵다고 했죠? 그래서 정부가 과감하게 돈을 써야 합니다. 이러한 주장에 반대하는 사람들은 초인플레이션이 올 수 있다고 하지만, 국제 금융 위기가 발생한 뒤 각 나라들이 나름대로 돈을 썼음에도 아직까지 인플레이션이 되지 않았어요. 아직은 디플레이션 상황이기 때문에 이런 주장은 정부가 아무 일도 하지 못하도록 하는 주장이라고 할 수 있어요. 어떻게 보면 대공황 시기에 가만히 있으면 경제가 좋아질 거라고 했던 것과 비슷하지요.

조금 어려운 이야기를 해 볼까요? 앞에서 살펴본 것처럼 어느 정도의 인플레이션은 좋은 점이 있는데, 빚이 있는 사람들에게 도움이 된다는 것입니다. 지금은 금리도 낮은 상황이라서 돈을 빌린 사람이 유리하지요. 빚이 있는 사람들이 위기를 벗어나는 데 인플레이션이 도움이 되기도 합니다.

경제는 타이밍 즉 때가 중요하기 때문에 무조건 한 주장만 옳다고 우겨선 안 됩니다. 때에 맞는 해법을 제시하는 것이 경제학자의 임무입니다. 여러분도 경제 공부를 열심히 해서 때에 맞는 적절한 경제 활동을 하면 좋겠어요.

물론 지금도 정부가 과감하게 돈을 써야 한다는 주장에 반대하는 사람들이 많아요. 이 사람들은 정부가 돈을 쓰기만 하면 정부의 빚이 늘어나서 사람들이 불안하게 되고, 그렇게 되면 경제 위기가 오히려 심해질 거라고 해요. 하지만 나는 그렇게 생각하지 않습니다. 오히려 정부가 아무것도 하지 않으면 사람들이 더 불안해할 거라고 생각하거든요. 정부가 적극적으로 나서서 경제를 살리기 위해 노력하면 사람들은 덜 불안해할 겁니다. 평상시에는 경제가 스스로 잘 돌아가도록 해야겠지만 지금과 같은 위기 상황에서는 정부가 나서서 해결해야 한다고 생각합니다.

인플레이션을 두려워하지 말고 돈을 써야 한다면 어디에 써야 할까요? 미국의 오바마 대통령도 정부가 적극적으로 행동해야 한다고 생각했습니다. 오바마 대통령은 국제 금융 위기가 한창이던 2009년에 대통령이 되어 시장에서 적극적으로 정부의 역할을 하고자 했는데 국회의 반대로 충분히 하지 못했어요.

한국은 어떨까요? 한국도 경제 성장만을 추구해 왔기 때문에 여러 복지 제도가 충분하지 않습니다. 그래서 무상 보육이나 교육에 투자를 많이 할 필요가 있어요. 또한 노인 인구가 많이 늘어나니까 노인 복지에도 정부의 지출이 필요하다고 생각합니다. 전 세계적으로 환경 문제가 심각한데 환경을 개선하는 일에 돈을 사용한다면 환경 문제도 해결하고 경제도 살리는 길이 될 것입니다.

이제까지 불황을 해결하는 방법을 알아봤는데, 정리해 보면 첫째, 시장이 잘못된 길을 가지 못하도록 규칙을 만들어야 한다고 했습니다. 특히 금융에 대한 규칙은 철저히 지키도록 해야 합니다. 둘째, 중산층을 늘리는 것이 필요합니다. 이를 위해서 부자가 세금을 많이 내도록 하고 사회 복지 제도를 늘려야 한다고 했습니다. 노동조합의 역할도 중요하고요. 셋째, 인플레이션을 두려워하지 말고 디플레이션을 해결해야 한다고 했어요. 마지막으로 넷째, 정부가 나서서 과감하게 돈을 써야 한다고 했지요. 나라에 필요한 일에 돈을 써서 사람들의 삶도 개선하고 경제도 살려야 한다고 했습니다. 이렇게 네 가지 정책을 충실히 이행한다면 지금의 경세 위기도 벗어날 수 있을 것입니다.

성장만이 행복의 조건은 아니다

경제는 숫자로 표현되고 숫자가 클수록 긍정적이라고 생각하죠. 그중에서 가장 널리 쓰이는 숫자가 GDP예요. GDP는 국내 총생산으로 한 나라에서 한 해 동안 창출한 부가가치의 총합입니다. 다른 말로 최종 생산물의 합이라고도 하지요. 쉽게 설명하면, 한국의 국내 총생산은 한국에서 1년 동안 번 돈을 다 합친 것과 같다고 할 수 있어요.

국내 총생산은 한 나라의 경제 상황을 이야기하는 가장 대표적인 숫자라고 볼 수 있어요. 그래서 정부는 매년 국내 총생산을 늘리기 위해서 노력하지요. 국내 총생산이 많이 늘어나면 경제가 좋아졌다고 하고 반대로 줄면 경제가 어려워졌다고 합니다. 사람들은 국내 총생산이 많이 늘어나기를 기대해요. 그런데 과연 국내 총생산이 오르면 모두 행복해질까요?

국내 총생산은 사람들이 번 돈의 합이라고 했잖아요. 여기에는 공해 물질을 배출하면서 번 돈이나 대기를 오염시키는 배기가스를 배출하는 수많은 차들도 포함돼요. 범죄를 예방하기 위한 보안 시스템 회사의 매출도 포함되고요. 범죄자를 가두는 교도소를 짓고 운영하는 것도 포함됩니다. 이런 것들을 많이 만들어서 국내 총생산이 많이 늘어나면 모든 사람들이 행복해질까요?

반대로 국내 총생산에 포함되지 않는 것도 있어요. 여러분이 가족이나 친구들과 화목하게 지낸다고 해서 행복 지수가 국내 총생산에 포함되지는 않아요. 다른 사람을 돕는 선행의 아름다운 마음도 포함되지 않지요. 자연의 아름다움, 숲의 가치도 포함되지 않아요. 오히려 숲을 파괴해서 나무를 팔면 국민 총생산이 늘어납니다.

이렇게 국내 총생산만으로 측정되지 않는 중요한 것들도 많아요. 존 F. 케네디 전 대통령의 동생인 로버트 케네디는 1968년 3월 18일 캔자스 대학 연설에서 이렇게 말했어요. "물질적 빈곤을 없애려고 아무리 노력한들 더 어려운 일은 따로 있습니다. 우리 모두를 괴롭히는 (……) 만족의 결핍에 맞서는 일입니다." 미국인들은 "단순한 물질 축적"에 탐닉해 있다고 했어요. 세월이 지났지만 이 이야기는 지금 더 큰 의미가 있습니다.

우리는 경제 성장만 되면 행복할 거라고 생각하지만 그렇지 않아요. 한국도 세계 15위 경제 규모를 자랑하지만 높은 자살률을 기록하고 있잖아요? 최저 출산율과 함께요. 자살률이 높고 출산율이 낮다는 것은 한국 사람들이 정신적으로 불행하다는 증거라고 할 수 있어요.

물질적인 만족은 끝이 없어요. 성장만을 추구해서 행복해지는 데는 한계가 있어요. 여러분이 하고 싶은 것을 다 할 수 있으면 행복할 것 같지만 그렇지 않아요. 우리에게는 성장과 함께 보이지 않는 가치도 소중히 여기는 자세가 필요해요. 그리고 성장도 우리 모두가 행복할 수 있는 성장, 다른 사람에게도 도움이 되는 착한 성장을 추구해야 해요. 그래야 모두가 행복해질 수 있습니다.

"우리의 노력으로 불황을 이겨 낼 수 있어요"

실망스럽게도 경제는 항상 좋을 수 없다는 것이 정답이라는 것을 알았을 겁니다. 역사만 봐도 그동안 세계 경제는 수많은 불황을 겪었잖아요. 이 사실을 알았을 때 많이 실망했을 거예요. 그렇지만 우리는 불황을 극복하는 방법도 많이 알게 되었어요. 특히 대공황의 교훈을 통해서요. 대공황은, 불황은 가만히 두면 스스로 해결되는 것이 아니라서 정부가 나서야 한다는 사실을 알게 해 주었어요.

하지만 사람들은 대공황 이후에 경제가 잘 돌아가자 그 교훈을 잊어버리기 시작했죠. 그리고 대공황과는 조금 다른 상황이 생기기도 했고요. 새로운 불황이 오기 시작한 것이지요. 멕시코, 아시아, 일본, 그리고 최종적으로는 2008년에 국제 금융 위기와 유럽의 위기가 왔어요. 불황의 세계화라고 할 수 있습니다.

불황을 피할 수는 없지만 우리의 노력에 의해서 빨리 지나가게 할 수는 있어요. 지금의 경제 위기는 '경제는 무조건 시장에 맡겨야 한

다'는 주장에서 기인한 것이 커요. 시장에 맡겨야 한다고 주장하는 사람들은 정치가 경제가 간섭해서는 안 된다고 하죠. 그렇지만 수요와 공급에 따라 상품이 거래되는 것은 시장에서 결정된다고 해도 시장에 모든 것을 맡길 것인지 아닌지는 정치가 결정하기 때문에 경제와 정치는 결코 떼 놓고 생각할 수 없습니다. 또한 부자들에게서 세금을 많이 걷거나 복지를 늘리거나 학교를 짓거나 하는 일은 정치가 결정하지요.

　물론 이런 이야기들을 지금 여러분이 모두 이해하고 실천할 수는 없습니다. 하지만 그렇다고 신경을 쓰지 않고 잘 모르는 채 지나친다면 나중에 여러분이 결정하고 행동할 때가 되었을 때 곤란해지겠지요? 그렇기 때문에 어렵거나 먼 이야기라고 생각하지 말고 지금부터 관심을 가지고 공부해 주었으면 하는 것이 나의 바람이에요. 그러면 나중에 어른이 되었을 때 한국의 미래가 달라질 수 있습니다. 여러분이 어떤 선택을 하느냐에 따라 여러분의 삶이 달라질 것입니다.

2009년도 수능 9월 모의 평가 2번

다음 글을 읽고 애그플레이션을 유발할 수 있는 공급 측 요인과 수요 측 요인을 〈보기〉에서 골라 바르게 묶은 것은? [3점]

> 애그플레이션 : 농산물의 가격 급등에 따른 물가의 상승을 의미한다.

〈보기〉

> ㄱ. 주요 곡물 생산국의 기상 이변
> ㄴ. 식량 수출국의 자원 민족주의 확산
> ㄷ. 유전자 변형 곡물(GMO)의 대량 생산
> ㄹ. 중국, 인도 등 신흥 개발 도상국의 소득 증가
> ㅁ. 곡물을 원료로 하는 바이오 에너지 생산의 증가

(공급 측 요인)　　(수요 측 요인)

① ㄱ, ㄴ　　　　ㄹ, ㅁ

② ㄷ, ㄹ　　　　ㄱ, ㄴ

③ ㄱ, ㄴ, ㄷ　　ㄹ, ㅁ

④ ㄱ, ㄴ, ㅁ　　ㄷ, ㄹ

⑤ ㄷ, ㄹ, ㅁ　　ㄱ, ㄴ

다음 대화와 관련된 설명으로 옳지 않은 것은? [2점]

> 사회자 : 최근에 사회적으로 문제가 되고 있는 심각한 인
> 플레이션의 원인은 무엇입니까?
> 갑 : 원유와 곡물 등 국제 원자재 가격의 급등에 1차적인
> 원인이 있다고 생각합니다.
> 을 : 대외적인 요인보다 국내 민간 부문의 소비 지출이 지
> 속적으로 증가한 것이 주요 원인이라고 생각합니다.

① 일반적으로 인플레이션은 화폐의 구매력을 떨어뜨리고 부와 소득
의 분배에 악영향을 미친다는 점에서 사회적 문제가 된다.

② 갑의 주장이 맞다면 실업률과 인플레이션율 간에 정(+)의 관계가
나타날 수 있다.

③ 갑의 주장이 맞다면 총수요 관리 정책만으로는 적절한 대책이 마
련되기 어렵다.

④ 을의 주장이 맞다면 긴축 정책의 필요성이 높아진다.

⑤ 갑은 총공급의 증가를, 을은 총수요의 증가를 인플레이션 발생의
주요 원인으로 보고 있다.

2012년도 수능 6월 모의 평가 16번

다음은 A국 정부의 유가 정책에 대한 갑과 을의 대화다. 이에 대한 설명으로 적절하지 않은 것은? [2점]

> 갑 : 정부가 정유사들의 기름값 인하를 유도하는 것은 시장의 가격 기능을 왜곡하는 것이 아닐까? 중동 정세 악화로 기름값이 오른 것은 오히려 시장 기구가 잘 작동하고 있다는 증거인데, 이를 인위적으로 바꾸는 것은 바람직하지 않아.
> 을 : 요즘처럼 높은 물가로 인해 소비자들이 어려울 때는 정부가 적절하게 개입하여 조치를 취하는 것이 사회적으로 이로울 거야. 시장에 의한 자원 배분이 늘 바람직하다는 생각은 곤란해.

① 갑은 시장에 의한 자원 배분이 바람직하다고 보고 있다.
② 갑은 시장 여건에 따른 가격 변화는 받아들여야 한다는 입장이다.
③ 을은 계획 경제 체제가 시장 경제 체제보다 더 효율적이라고 생각한다.
④ 을은 사회적 편익을 위해 정부의 개입이 정당화될 수 있다고 생각한다.
⑤ 갑과 을은 정부 역할과 시장 기능에 대해 다른 견해를 가지고 있다.

2009년도 수능 9월 모의 평가 2번 답 ①

애그플레이션은 농산물의 가격 급등에 따른 물가의 상승을 의미한다. 이러한 물가의 상승은 농산물의 공급 감소와 수요 증가에 의해 나타나게 된다. 〈보기〉에서 제시된 항목 중 주요 곡물 생산국의 기상 이변과 식량 수출국의 자원 민족주의 확산은 농산물의 공급을 감소시키는 요인이며, 개발 도상국의 소득 증가와 바이오 에너지 생산의 증가는 농산물 수요 증가의 요인이 된다. 유전자 변형 곡물의 대량 생산은 농산물 공급이 증가하는 요인이므로 애그플레이션을 야기하지 않는다.

2011년도 수능 경제 2번 답 ⑤

대화에 따르면 갑은 비용의 인상을, 을은 수요의 증가를 인플레이션의 주요 원인으로 보고 있다. 따라서 ⑤번에서 갑이 총공급의 증가를 인플레이션 발생의 주요 원인으로 보고 있다는 주장은 맞지 않다. 갑은 총공급의 감소를 인플레이션의 원인으로 보고 있다. 또한 일반적으로 인플레이션은 화폐의 구매력을 떨어뜨리고 소득의 분배에 악영향을 끼친다. 인플레이션의 원인을 총공급의 감소로 보았다면 경기 침체로 인해 실업률이 증가할 수 있고, 이는 총수요 관리 정책만으로는 적절한 대책을 꾸리기 어려울 수 있다. 총수요 관리 정책은 을이 주장한 인플레이션의 원인을 해결할 수 있는 방안으로 제시되는 것이 옳다. 이럴 때는 총수요를 줄이는 긴축 정책이 요구된다.

2012년도 6월 모의 평가 16번 답 ③

갑은 경제 문제를 시장이 스스로 해결할 수 있다고 생각하는 입장이며, 을은 정부에 의한 시장의 개입을 지지하는 입장이다. 따라서 갑은 시장 여건에 따른 가격 변화는 자연스러운 현상이라고 생각하고 있다. 또한 을은 사회적 편익을 위해 정부가 적절하게 개입하는 것을 지지하고 있다. 하지만 계획 경제 체제가 시장 경제 체제보다 더 효율적이라고 생각하는 것은 아니다.

○ 찾아보기

경제학자가 들려주는 경제 이야기 20

불황을 해결해 볼까요?
— 폴 크루그먼이 들려주는 경제 위기 이야기

ⓒ 이석진, 2013

초판 1쇄 발행일 2013년 9월 9일
초판 3쇄 발행일 2021년 2월 5일

지은이   이석진
그린이   박종호
펴낸이   정은영

펴낸곳   (주)자음과모음
출판등록 2001년 11월 28일 제2001-000259호
주소   04047 서울시 마포구 양화로6길 49
전화   편집부 02) 324-2347 경영지원부 02) 325-6047
팩스   편집부 02) 324-2348 경영지원부 02) 2648-1311
이메일   jamoteen@jamobook.com

ISBN 978-89-544-2571-1 (44300)

과학자가 들려주는 과학 이야기 (전 130권)

정완상 외 지음

위대한 과학자들이 한국에 착륙했다!
어려운 이론이 쏙쏙 이해되는 신기한 과학수업,
〈과학자가 들려주는 과학 이야기〉 개정판과 신간 출시!

〈과학자가 들려주는 과학 이야기〉 시리즈는 어렵게만 느껴졌던 위대한 과학 이론을 최고의 과학자를 통해 쉽게 배울 수 있도록 했다. 또한 지적 호기심을 자극하는 흥미로운 실험과 이를 설명하는 이론들을 초등학교, 중학교 학생들의 눈높이에 맞춰 알기 쉽게 설명한 과학 이야기책이다.

특히 추가로 구성한 101~130권에는 청소년들이 좋아하는 동물 행동, 공룡, 식물, 인체 이야기와 최신 이론인 나노 기술, 뇌 과학 이야기 등을 넣어 교육 과정에서 배우고 있는 과학 분야뿐 아니라 최근의 과학 이론에 이르기까지 두루 배울 수 있도록 구성되어 있다.

★ 개정신판 이런 점이 달라졌다! ★

첫째, 기존의 책을 다시 한 번 재정리하여 독자들이 더 쉽게 이해할 수 있게 만들었다.

둘째, 각 수업마다 '만화로 본문 보기'를 두어 각 수업에서 배운 내용을 한 번 더 쉽게 정리하였다.

셋째, 꼭 알아야 할 어려운 용어는 '과학자의 비밀노트'에서 보충 설명하여 독자들의 이해를 도왔다.

넷째, '과학자 소개 · 과학 연대표 · 체크, 핵심과학 · 이슈, 현대 과학 · 찾아보기'로 구성된 부록을 제공하여 본문 주제와 관련한 다양한 지식을 습득할 수 있도록 하였다.

다섯째, 더욱 세련된 디자인과 일러스트로 독자들이 읽기 편하도록 만들었다.

수학자가 들려주는 수학 이야기 (전 88권)

차용욱 외 지음

국내 최초 아이들 눈높이에 맞춘 88권짜리 이야기 수학 시리즈! 수학자라는 거인의 어깨 위에서 보다 멀리, 보다 넓게 바라보는 수학의 세계!

수학은 모든 과학의 기본 언어이면서도 수학을 마주하면 어렵다는 생각이 들고 복잡한 공식을 보면 머리까지 지끈지끈 아파온다. 사회적으로 수학의 중요성이 점점 강조되고 있는 시점이지만 수학만을 단독으로, 세부적으로 다룬 시리즈는 그동안 없었다. 그러나 사회에 적응하려면 반드시 깨우쳐야만 하는 수학을 좀 더 재미있고 부담 없이 배울 수 있도록 기획된 도서가 바로 〈수학자가 들려주는 수학 이야기〉 시리즈이다.

★ 무조건적인 공식 암기, 단순한 계산은 이제 가라! ★

- 〈수학자가 들려주는 수학이야기〉는 수학자들이 자신들의 수학 이론과, 그에 대한 역사적인 배경, 재미있는 에피소드 등을 전해 준다.
- 교실 안에서뿐만 아니라 교실 밖에서도, 배우고 체험할 수 있는 생활 속 수학을 발견할 수 있다.
- 책 속에서 위대한 수학자들을 직접 만나면서, 수학자와 수학 이론을 좀 더 가깝고 친근하게 느낄 수 있다.